Lumina nova

Begleitgrammatik

auf der Grundlage von Litora
erarbeitet von Ursula Blank-Sangmeister

Vandenhoeck & Ruprecht

ISBN 978-3-525-71052-4

© 2016, 2010, Vandenhoeck & Ruprecht GmbH & Co. KG,
Thetaerstraße 13, D-37073 Göttingen
Internet: www.v-r.de
Alle Rechte vorbehalten. Das Werk und seine Teile sind urheberrechtlich geschützt. Jede Verwertung in anderen als den gesetzlich zugelassenen Fällen bedarf der vorherigen schriftlichen Einwilligung des Verlages. Hinweis zu § 52a UrhG: Weder das Werk noch seine Teile dürfen ohne vorherige schriftliche Einwilligung des Verlages öffentlich zugänglich gemacht werden. Dies gilt auch bei einer entsprechenden Nutzung für Lehr- und Unterrichtszwecke.

Printed in Germany.
Satz und Lithos: SchwabScantechnik, Göttingen.
Druck und Bindung: ⊕ Hubert & Co GmbH & Co. KG,
Robert-Bosch-Breite 6, D-37079 Göttingen

Gedruckt auf chlorfrei gebleichtem Papier.

Inhalt

Lektion 1

§ 1	Ausspracheregeln	9
§ 2	Wortarten	10
§ 3	Verb	11
§ 4	Substantiv	12
§ 5	Nominativ und Akkusativ Singular	13
§ 6	Adjektiv	14
§ 7	Satzglieder/Satzstellen	14

Lektion 2

§ 8	Die 3. Person Plural	18
§ 9	Nominativ und Akkusativ Plural	18
§ 10	Aufgaben des Akkusativs: adverbiale Bestimmung des Ortes	20
§ 11	Wortart – Wortform – Satzglied	21

Lektion 3

§ 12	1. und 2. Person Singular und Plural Präsens Aktiv	22
§ 13	Imperativ (Befehlsform)	23
§ 14	Präsens von esse, posse	23
§ 15	Präsens von īre: gehen	24
§ 16	o-Deklination auf (e)r	24
§ 17	Vokativ	25
§ 18	Personalpronomen	25
§ 19	Fragesätze	26

Lektion 4

§ 20	Neutrum der o-Deklination	27
§ 21	Genitiv	27
§ 22	Dativ	28
§ 23	Übersicht über die ā-, o- und konsonantische Deklination	29
§ 24	Apposition	30

Lektion 5

§ 25	Konsonantische Konjugation mit i-Erweiterung	31
§ 26	ē-Deklination	31
§ 27	aci als Satzglied	31
§ 28	Übersetzung des aci	32
§ 29	Erweiterungen des aci	33

§ 30 esse als Vollverb ... 33
§ 31 Genitīvus partītīvus ... 34
§ 32 Akkusativ der Ausdehnung ... 34
§ 33 Reflexives Possessivpronomen: suus ... 34

Lektion 6

§ 34 Ablativ ... 35
§ 35 Formen des Ablativs ... 35
§ 36 Semantische Funktionen des Ablativs ... 36
§ 37 Übersicht über die Deklinationen ... 36
§ 38 Die Präposition in ... 38

Lektion 7

§ 39 Substantivierung des Adjektivs ... 39
§ 40 is, ea id – dieser, diese, dies(es); er, sie, es ... 39
§ 41 Die Verwendung von is, ea, id im Genitiv ... 40
§ 42 Reflexive und nichtreflexive Besitzverhältnisse ... 40
§ 43 Reflexivpronomen ... 40
§ 44 Reflexivpronomen im aci ... 41
§ 45 Prädikativum ... 42
§ 46 Ablātīvus sēparātīvus ... 42

Lektion 8

§ 47 Funktionen des Relativsatzes ... 43
§ 48 Relativischer Anschluss ... 43
§ 49 Formen des Relativpronomens ... 44
§ 50 Das Relativpronomen und sein Beziehungswort ... 44
§ 51 Neutrum der konsonantischen Deklination ... 44
§ 52 Ablātīvus līmitātiōnis ... 45
§ 53 Dativ des Personalpronomens ... 45

Lektion 9

§ 54 Funktion des Perfekts ... 46
§ 55 Formen des Perfekts ... 46
§ 56 Verschiedene Infinitive: Zeitverhältnisse im aci ... 48
§ 57 Akkusativ des Ausrufs ... 49
§ 58 Ortsangaben bei Städtenamen (1) ... 49
§ 59 Ablativ des Personalpronomens ... 50

Lektion 10

§ 60	Bedeutung des Imperfekts	51
§ 61	Unterschied Perfekt und Imperfekt	51
§ 62	Formen des Imperfekts	52
§ 63	Bildeweisen des Perfekts: Reduplikationsperfekt	53
§ 64	Datīvus fīnālis	53

Lektion 11

§ 65	u-Deklination	54
§ 66	Genitīvus subiectīvus	54
§ 67	Genitīvus obiectīvus	55
§ 68	Ortsangaben bei Städtenamen (2)	55
§ 69	Funktion des Perfekts: resultatives Perfekt	55
§ 70	Bildeweisen des Perfekts: Stammperfekt	55
§ 71	Adverbiale Gliedsätze	55

Lektion 12

§ 72	Demonstrativpronomina	57
§ 73	Possessivpronomen (Zusammenfassung)	58
§ 74	Funktion und Formen des Plusquamperfekt	59
§ 75	Genitīvus explicātīvus	59
§ 76	Neutrum Plural des Demonstrativpronomens	59

Lektion 13

§ 77	Substantive der gemischten Deklination	60
§ 78	Ablātīvus pretiī	60
§ 79	Aktiv – Passiv (genera verbī)	60
§ 80	Formen des Passivs	61
§ 81	Übersetzung des Passivs	62
§ 82	Der Infinitiv Passiv im aci	63
§ 83	ipse, ipsa, ipsum: selbst	63

Lektion 14

§ 84	Perfekt Passiv	64
§ 85	Plusquamperfekt Passiv	65
§ 86	Das Partizip der Vorzeitigkeit/Partizip Perfekt Passiv als participium coniūnctum (pc)	65
§ 87	Das Partizip als Attribut	65
§ 88	Übersetzungsmöglichkeiten des Partizips der Vorzeitigkeit als participium coniūnctum	66

§ 89	Semantische Funktionen des Partizips der Vorzeitigkeit als participium coniūnctum	66
§ 90	Partizip der Vorzeitigkeit: Zeitverhältnis	66
§ 91	quīdam, quaedam, quoddam: ein gewisser, (irgend)ein quīdam, quaedam, quiddam: jemand, etwas	67
§ 92	Substantivierung des Possessivpronomens	67

Lektion 15

§ 93	Syntaktische Funktion des ablātīvus absolūtus	68
§ 94	Übersetzungsmöglichkeiten des ablātīvus absolūtus	68
§ 95	Semantische Funktionen (Sinnrichtungen) des ablātīvus absolūtus	69
§ 96	Partizip der Vorzeitigkeit im ablātīvus absolūtus: Zeitverhältnis	69
§ 97	Nominaler ablātīvus absolūtus	69
§ 98	ferre: bringen, tragen; ertragen	70
§ 99	Indefinitpronomina	71

Lektion 16

§ 100	Futur 1 Aktiv und Passiv	72
§ 101	Infinitiv der Nachzeitigkeit Aktiv/Infinitiv Futur Aktiv	75
§ 102	Adjektive der i-Deklination	76

Lektion 17

§ 103	Aussageformen des Verbs (Modi)	78
§ 104	Semantische Funktion des Konjunktivs im Hauptsatz	78
§ 105	Funktionen des Konjunktivs in ut-/nē-Sätzen	78
§ 106	Formen des Konjunktiv Präsens (Konjunktiv I der Gleichzeitigkeit)	80
§ 107	Stilmittel: Ellipse	82
§ 108	Stilmittel: Hendiadyoín	82

Lektion 18

§ 109	Semantische Funktionen des Konjunktiv Präsens im Hauptsatz	83
§ 110	Konsekutivsätze	83

Lektion 19

§ 111	Funktion des Konjunktiv Imperfekt	84
§ 112	Formen des Konjunktiv Imperfekt	84
§ 113	Die Subjunktion cum mit Konjunktiv	86
§ 114	Die Subjunktion cum mit Indikativ	86
§ 115	Genitīvus possessīvus bei esse	87

Lektion 20

§ 116	Funktion des Konjunktiv Plusquamperfekt	88
§ 117	Formen des Konjunktiv Plusquamperfekt	88
§ 118	Der Konjunktiv Plusquamperfekt als Irrealis der Vergangenheit	90
§ 119	Der Konjunktiv Imperfekt als Irrealis der Gegenwart	90
§ 120	Irrealis: Mischformen	90
§ 121	īdem, eadem, idem: derselbe, dieselbe, dasselbe	91

Lektion 21

§ 122	Indirekte Fragesätze	92
§ 123	Ablātīvus quālitātis	93

Lektion 22

§ 124	Deponentien	94
§ 125	Semideponentien (= Halbdeponentien)	95
§ 126	Das Partizip der Gleichzeitigkeit (Partizip Präsens Aktiv) als Attribut	95
§ 127	Das Partizip der Gleichzeitigkeit als participium coniūnctum (pc)	95
§ 128	Übersetzungsmöglichkeiten des Partizips der Gleichzeitigkeit als participium coniūnctum	96
§ 129	Semantische Funktionen (Sinnrichtungen) des Partizips der Gleichzeitigkeit als participium coniūnctum	96
§ 130	Das Partizip der Gleichzeitigkeit im ablātīvus absolūtus	97
§ 131	Bildung und Deklination des Partizips der Gleichzeitigkeit	97
§ 132	prōdesse: nützen	98

Lektion 23

§ 133	Steigerung/Komparation des Adjektivs: Formen	99
§ 134	Unregelmäßige Steigerung/Komparation	100
§ 135	Verwendung und Übersetzungsmöglichkeiten der Steigerungsstufen	100
§ 136	Syntaktische Funktion des Adverbs	101
§ 137	Bildung des Adverbs aus dem Adjektiv	101
§ 138	Steigerung/Komparation des Adverbs	101
§ 139	Ablātīvus comparātiōnis	101
§ 140	fierī: werden, geschehen, gemacht werden	102

Lektion 24

§ 141	velle: wollen; nōlle: nicht wollen; mālle: lieber wollen	103
§ 142	Verneinter Imperativ	104
§ 143	Syntaktische und semantische Funktionen des Gerundiums	104
§ 144	Bildeweise des Gerundiums	105

Lektion 25

§ 145   Bildeweise des Gerundivums 106
§ 146   Das Gerundivum als Attribut 106
§ 147   Adjektive der konsonantischen Deklination 107
§ 148   Pronominaladjektive (Zusammenfassung) 107

Lektion 26

§ 149   Das Gerundivum als Prädikatsnomen 108
§ 150   Das Gerundivum als Prädikativum 108
§ 151   Konjunktiv Perfekt 108
§ 152   Formen des Konjunktiv Perfekt 109
§ 153   Modi im Relativsatz 110

Lektion 27

§ 154   Prohibitiv 112
§ 155   nci als Satzglied 112
§ 156   Konditionalsätze (Zusammenfassung) 113

Lektion 28

§ 157   Futur 2 114
§ 158   Zeitenfolge (cōnsecūtiō temporum) 115
§ 159   ōrātiō oblīqua 116
§ 160   Die indirekte Rede im Deutschen 116
§ 161   Substantive der i-Deklination 117

Anhang

Nomen 118
Verben 130

Stammformen 144
Perfektstämme 149
Grammatische Begriffe 152
Index 157

Lektion 1

§ 1 Ausspracheregeln

Die Aussprache der lateinischen Sprache unterlag vielen Einflüssen und Moden. Für die Zeit von 100 v.Chr. bis 100 n.Chr. gelten im Wesentlichen die folgenden Regeln:

Grundsätzlich wird Latein so ausgesprochen, wie es geschrieben wird, allerdings wird
- c wie k gesprochen (*discipulus* also diskipulus);
- i wie j, wenn es vor einem Vokal steht (*iam* also jam);
- s immer stimmlos (*studēre* also s-tudēre, nicht: schtudēre; *spēs* also s-pēs, nicht schpēs; *schola* also s-chola, nicht schola);
- u wie w, wenn es vor einem Vokal steht (*suāvis* also s-wāvis);
- v wie w (*valdē* also waldē).

Die Doppelvokale (Diphthonge) ae und oe wurden anfangs getrennt ausgesprochen:
saepe: *gesprochen* saipe
proelium: *gesprochen* proilium

Ab dem zweiten Jahrhundert zog man diese Doppelvokale zusammen:
saepe: *gesprochen* säpe
proelium: *gesprochen* prölium

Silbenlänge (Quantität)

Silben sind lang:
- wenn sie einen Vokal enthalten, der von Natur aus lang ist (Naturlänge): *nōn, clāmāre*;
- wenn sie Doppelvokale (Diphthonge) enthalten: *Graecus, proelium, autem*;
- wenn auf einen kurzen Vokal zwei oder mehr Konsonanten folgen (Positionslänge): *discere, ancilla*.

Betonung

Betont wird in zweisilbigen Wörtern die vorletzte Silbe: *tímor, déus*.
In drei- oder mehrsilbigen Wörtern wird die vorletzte Silbe betont, wenn sie lang ist: *amícus, capiúntur*. Andernfalls wird die drittletzte Silbe betont: *fábula, légere*.
Die Endsilbe wird nie betont, also: *láudō, láudās, láudat*.

§ 2 Wortarten

Die kleinste Einheit eines Satzes ist das Wort. Folgende Wortarten lassen sich unterscheiden:

		Latein	Deutsch
Verb	Zeit-, Tätigkeitswort	legere	lesen
Substantiv	Haupt-, Namenwort	discipulus	Schüler
Adjektiv	Eigenschaftswort	māgnus	groß
Pronomen	Fürwort; Stellvertreter	(eam *Akkusativ Singular feminin*)	(sie)
Artikel	Geschlechtswort	---	der, die, das (bestimmt) ein, eine, ein (unbestimmt)
Adverb	Umstandswort	saepe	oft
Konjunktion[1]	Bindewort	et; autem; nam	und; aber; denn
Subjunktion[2]	unterordnendes Bindewort	quod	da, weil; dass

Man unterscheidet zwischen veränderlichen und unveränderlichen Wörtern. Veränderliche Wörter sind die Nomina und Verben.

deklinieren
Nomina beugen, d.h. in die verschiedenen Fälle setzen
konjugieren
Verben beugen, d.h. in die verschiedenen Personen setzen

Die Wortarten Substantiv, Adjektiv und Pronomen bilden die Gruppe der **Nōmina** (Singular: **Nōmen**). Auch die Eigennamen (z.B. *Mārcus*) gehören zu den Substantiven. Sie werden **dekliniert**, z.B.: Schüler, des Schülers, dem Schüler usw.
  Verben werden **konjugiert**, z.B.: ich lese, du liest, er/sie/es liest, wir lesen usw.

---

[1] Konjunktionen können einzelne Wörter (z.B. et) oder Hauptsätze (z.B. nam) miteinander verbinden (con-iungere: zusammenbinden).
[2] Eine Subjunktion verbindet als Gliedsatzeinleitung Haupt- und Gliedsatz.

§ 3 Verb

Verben werden konjugiert:

Infinitiv (Grundform)	lesen		
1. Person Singular	ich lese	1. Person Plural	wir lesen
2. Person Singular	du liest	2. Person Plural	ihr lest
3. Person Singular	er/sie/es liest	3. Person Plural	sie lesen

Anders als im Deutschen kann man im Lateinischen allein an der (Personal-)Endung des Verbs ablesen, wer (oder was) etwas tut oder ist:

salūta-t   er/sie/es grüßt

Die Personalendung -t bezeichnet also eine **3. Person Singular**.

Den **Infinitiv** erkennt man fast immer an der Endung -re:

salūtā-re   grüßen

Ausnahme:

esse   sein

Die Verben gehören, je nachdem, welcher Vokal vor der Infinitivendung steht, zu verschiedenen Gruppen (**Konjugationen**):

ā-Konjugation	salūtāre	salūtat
	errāre	errat
ē-Konjugation	studēre	studet
	timēre	timet
konsonantische Konjugation	legere	legit
	scrībere	scrībit
ī-Konjugation	audīre	audit
	invenīre	invenit

Die Formen der 3. Person Singular werden gebildet, indem man die Infinitivendung *-re* durch die Personalendung *-t* ersetzt.

Bei der konsonantischen Konjugation ist vor der Infinitivendung ein kurzes *-e-* eingefügt, das nicht zum Stamm des Wortes gehört. Dieser endet auf einen Konsonanten (in unseren Beispielen *-g-* bzw. *-b-*). Der Vokal, ein sogenannter Bindevokal, ist eingefügt, da sich der Infinitiv so besser aussprechen lässt.

In der 3. Person Singular steht zwischen dem Verbstamm und der Personalendung als unbetonter Bindevokal ein *-i-*: *leg-i-t, scrīb-i-t*.

§ 4 Substantiv

Artikel

Im Lateinischen gibt es keinen Artikel. Bei der Übersetzung ins Deutsche musst du daher aus dem Zusammenhang entscheiden, ob ein bestimmter, ein unbestimmter oder gar kein Artikel ergänzt werden muss.

Mārcus fābulam audit.   Marcus hört eine/die Geschichte.

Im Deutschen steht der bestimmte Artikel üblicherweise nur dann, wenn von dem fraglichen Wort (hier: Geschichte) bereits die Rede war. Manchmal kann bei der Übersetzung statt des Artikels auch ein Possessivpronomen (besitzanzeigendes Fürwort) eingesetzt werden. Die jeweils passende Übersetzung stellt bereits eine erste Deutung, eine Interpretation des lateinischen Textes dar.

Mārcus fābulam scrībit.   Marcus schreibt eine Geschichte.
Fābulam legit.   Er liest die/seine Geschichte.

Genus

Im Deutschen erkennt man am Nominativ Singular des bestimmten Artikels das Genus (Geschlecht) des Substantivs:

der Junge	männlich	**maskulin (m.)**
die Mutter	weiblich	**feminin (f.)**
das Buch	sächlich	**Neutrum** (= keins von beiden) **(n.)**

Im Lateinischen, das keinen Artikel hat, zeigt dir in der Regel der Wortausgang das Genus des Substantivs an:

discipul**us**	us: maskulin
err**or**	or: maskulin
fābul**a**	a: feminin

Das Genus der lateinischen und deutschen Wörter muss nicht übereinstimmen. Daher musst du das Genus immer mitlernen:

timor **m.**   die Furcht, die Angst (f.)

Bestimmung eines Substantivs

Ein Substantiv wird dekliniert. Es verändert sich, je nachdem, auf welche der folgenden Fragen es antwortet:

1. Fall (Nominativ)	Wer/Was?
2. Fall (Genitiv)	Wessen?
3. Fall (Dativ)	Wem?
4. Fall (Akkusativ)	Wen/Was?

Um herauszufinden, in welchem Kasus ein Ausdruck steht, musst du ausprobieren, wie du danach fragen kannst.

Beispiel:
Ich schreibe *meiner Freundin* einen Brief.

Frage: Antwort:
Wem schreibe ich einen Brief?   Meiner Freundin.

»meiner Freundin« ist also **Dativ.**

Da es sich bei »meiner Freundin« nur um eine Person handelt, steht der Ausdruck im **Singular.** Nimmt man nun noch das Genus hinzu, lässt sich die Form grammatikalisch bestimmen:
meiner Freundin = Dativ Singular feminin (Dat. Sg.. f.).

> Ein Substantiv wird nach **K**asus, **N**umerus und **G**enus **(KNG)** bestimmt.

Numerus: Oberbegriff für Singular (Einzahl) und Plural (Mehrzahl)
Genus: Geschlecht
maskulin (männlich)
feminin (weiblich)
neutrum (Neutrum)
Kasus: Fall

§ 5 Nominativ und Akkusativ Singular

Bei den lateinischen Substantiven kannst du an der Endung des Wortes den Kasus und den Numerus erkennen.

fābul-**a**	= Nominativ Singular	fābul-**am**	= Akkusativ Singular
discipul-**us**	= Nominativ Singular	discipul-**um**	= Akkusativ Singular
error	= Nominativ Singular	errōr-**em**	= Akkusativ Singular

Deklinationsklassen

Lateinische Substantive, die gleiche Endungen haben, werden zu Deklinationsklassen zusammengefasst. Innerhalb dieser Gruppen sind die Endungen für die Kasūs (= Plural von Kasus) also identisch.

Oft kannst du schon am Nominativ Singular eines Wortes ablesen, zu welcher Deklination es gehört.

Substantive auf *-a* gehören zur ā-Deklination, solche auf *-us* zur o-Deklination[3] und die auf *-or* zur konsonantischen Deklination.

---

3   Im Altlateinischen endeten diese Wörter auf -os, daher der Name »o-Deklination«.

§ 6 Adjektiv

Die dir bisher bekannten Adjektive haben im Maskulinum die Endungen der o-Deklination und im Femininum die Endungen der ā-Deklination. Man spricht deshalb von den Adjektiven der ā- und o-Deklination.

Maskulinum:

Attic-**us** īrāt-**us**	der zornige Atticus
Attic-**um** īrāt-**um**	den zornigen Atticus

Femininum:

fābul-**a** Graec-**a**	die/eine griechische Geschichte
fābul-**am** Graec-**am**	die/eine griechische Geschichte

Es muss nicht immer dieselbe Endung haben wie sein Beziehungswort:

māgn-**us** error	der/ein großer Fehler
māgn-**um** errōr-em	den/einen großen Fehler

> **Die KöNiGsregel**
> Ein Adjektiv passt sich in Kasus, Numerus und Genus an sein Beziehungswort an, d.h., es steht in KNG-Kongruenz (Kongruenz = Übereinstimmung).

§ 7 Satzglieder/Satzstellen

Subjekt und Prädikat

(1) Fābula dēlectat.	Die Geschichte macht Spaß.
(2) Mārcus legit.	Marcus liest.
(3) Timor māgnus est.	Die Angst ist groß.
(4) Scrībere nōn iuvat.	(Das) Schreiben macht keine Freude.

Jeder dieser Sätze besteht aus mindestens zwei Teilen: einer Person/einer Sache, die etwas tut/ist, und einer Aussage über diese Person/Sache.

Die Person/Sache, die etwas tut oder ist, ist das **Subjekt (S)**, die Aussage darüber das **Prädikat (P)**.

Welche Rolle (**syntaktische Funktion**) die einzelnen Wörter im Satz haben, kannst du durch entsprechende Fragen herausfinden:

Frage	Wer/Was tut/ist etwas?	Was wird ausgesagt? Was tut er/sie/es?
Satzglied/Satzstelle	Subjekt/Satzgegenstand	Prädikat/Satzaussage
Beispiele	Fābula Mārcus Timor Scrībere	dēlectat. legit. māgnus est. nōn iuvat.
Zeichen	S	P

Die Satzstelle Subjekt wird in den obigen Beispielen entweder von einem Substantiv oder einem substantivierten Infinitiv gefüllt.

Im lateinischen Satz muss kein ausdrückliches Subjekt stehen, wenn der Zusammenhang klarstellt, wer gemeint ist:

| Mārcus legit. | Marcus liest. |
| Libenter legit. | Er liest gern. |

Die Satzstelle Prädikat kann entweder durch ein **Vollverb** *(legere)* oder durch ein **Hilfsverb** *(esse)* + Nomen *(māgnus; discipulus)* als Ergänzung gefüllt sein; diese Ergänzung ist unbedingt nötig, damit der Satz vollständig ist. Als Satzglied heißt diese Ergänzung **Prädikatsnomen**. Das Hilfsverb als Satzglied nennt man **Kopula** (»Band«). Prädikatsnomen und Kopula bilden zusammen das Prädikat:

Timor māgnus est.
Mārcus discipulus est.

Die Verneinung eines Prädikats geschieht mithilfe von *nōn*; *nōn* ist hier kein eigenes Satzglied, sondern Bestandteil des Prädikats:

| Scrībere nōn iuvat. | Schreiben macht keine Freude. |

Akkusativobjekt

| Mārcus fābulam audit. | Marcus hört eine Geschichte.
(Wen/was hört Marcus? – Eine Geschichte.) |
| Quīntus scrībere studet. | Quintus versucht zu schreiben.
(Wen/Was versucht Quintus? – Zu schreiben.) |

Auf die Frage »Wen/Was?« steht als Satzglied das **Akkusativobjekt (AObj)**.

Adverbiale Bestimmung

| Quīntus saepe errat. | Quintus macht oft einen Fehler. |
| Atticus valdē clāmat. | Atticus schreit sehr. |

Die Adverbien *saepe* und *valdē* beziehen sich auf das Prädikat und bestimmen es näher. Als Satzglied heißt eine solche nähere Erläuterung **adverbiale Bestimmung** (Umstandsbestimmung). Zeichen für dieses Satzglied: **aB**.

Adverbiale Bestimmungen haben unterschiedliche Bedeutungen (unterschiedliche **semantische Funktionen**):

Frage	Auf welche Art und Weise? Wie?	Wann? Wie oft?
Satzglied/Satzstelle	adverbiale Bestimmung der Art und Weise	adverbiale Bestimmung der Zeit/Häufigkeit
Beispiele	libenter: gern	saepe: oft
Zeichen	aB	aB

Attribut

Atticus māgnum errōrem invenit.   Atticus findet einen großen Fehler.

Das Adjektiv *māgnum* gibt als Attribut (Attr) die Eigenschaft bzw. Beschaffenheit des Fehlers an und antwortet auf die Frage »Was für einen Fehler?« – Einen großen.

Satzbaupläne

Mārcus   legit.   Marcus liest.
Subjekt   Prädikat

Quīntus   discipulus   est.   Quintus ist (ein) Schüler.
Subjekt   Prädikatsnomen Kopula
            ⎣____Prädikat____⎦

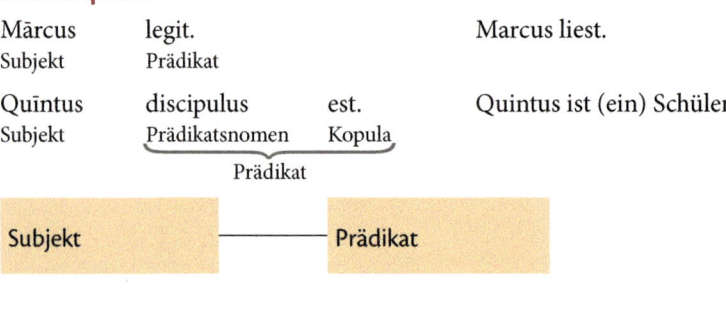

Mārcus   fābulam   audit.   Marcus hört eine Geschichte.
Subjekt   Akkusativobjekt Prädikat

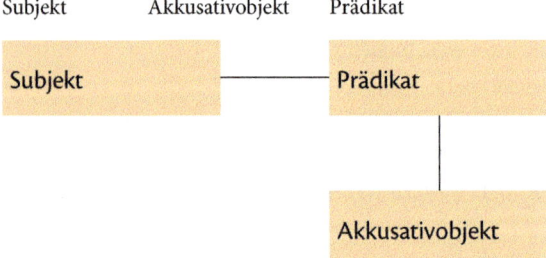

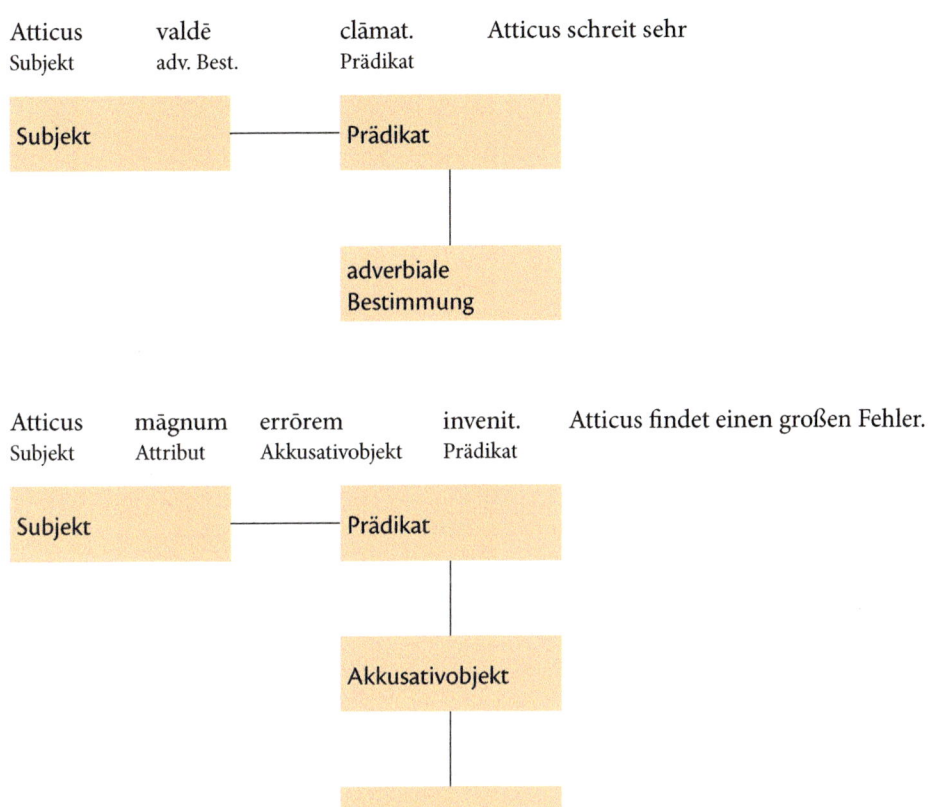

Lektion 2

§ 8 Die 3. Person Plural

ā-Konjugation
Infinitiv	laudā-re	
3. Person Singular Präsens Aktiv	lauda-t	
3. Person Plural Präsens Aktiv	lauda-**nt**	sie loben

ē-Konjugation
Infinitiv	timē-re	
3. Person Singular Präsens Aktiv	time-t	
3. Person Plural Präsens Aktiv	time-**nt**	sie fürchten

konsonantische Konjugation
Infinitiv	legere	
3. Person Singular Präsens Aktiv	leg-i-t	
3. Person Plural Präsens Aktiv	leg-u-**nt**	sie lesen

Beachte:
Bei der konsonantischen Konjugation steht in der 3. Person Plural zwischen dem Stamm und der Personalendung als Bindevokal ein -*u*-.

ī-Konjugation
Infinitiv	advenī-re	
3. Person Singular Präsens Aktiv	adveni-t	
3. Person Plural Präsens Aktiv	adveni-u-nt	sie kommen an

Beachte:
Auch bei der ī-Konjugation steht in der 3. Person Plural zwischen dem Stamm und der Personalendung ein -*u*-.

unregelmäßige Verben
Infinitiv	esse	
3. Person Singular Präsens Aktiv	es-t	
3. Person Plural Präsens Aktiv	su-nt	sie sind

§ 9 Nominativ und Akkusativ Plural

Substantive

o-Deklination

	Singular	Plural	
Nominativ (Wer?/Was?)	amīc-us	amīc-**ī**	die Freunde
Akkusativ (Wen?/Was?)	amīc-um	amīc-**ōs**	die Freunde

ā-Deklination

	Singular	Plural	
Nominativ (Wer?/Was?)	ancill-a	ancill-**ae**	die Sklavinnen
Akkusativ (Wen?/Was?)	ancill-am	ancill-**ās**	die Sklavinnen

konsonantische Deklination

	Singular	Plural	
Nominativ (Wer?/Was?)	error	errōr-**ēs**	die Fehler
Akkusativ (Wen?/Was?)	errōr-em	errōr-**ēs**	die Fehler

Adjektive

Die Adjektive der ā- und o-Deklination haben dieselben Endungen wie die Substantive dieser beiden Deklinationen (vgl. Lektion 1, § 6). Also:

	Singular		Plural	
Nominativ	amīc-us bon-us	der gute Freund	amīc-**ī** bon-**ī**	die guten Freunde
Akkusativ	amīc-um bon-um	den guten Freund	amīc-**ōs** bon-**ōs**	die guten Freunde
Nominativ	ancill-a bon-a	die gute Sklavin	ancill-**ae** bon-**ae**	die guten Sklavinnen
Akkusativ	ancill-am bon-am	die gute Sklavin	ancill-**ās** bon-**ās**	die guten Sklavinnen

Nominativ	māgn-us error	der große Fehler	māgn-**ī** errōr-**ēs**	die großen Fehler
Akkusativ	māgn-um errōr-em	den großen Fehler	māgn-**ōs** errōr-**ēs**	die großen Fehler
Nominativ	uxor content-a	die zufriedene Ehefrau	uxōr-**ēs** content-**ae**	die zufriedenen Ehefrauen
Akkusativ	uxōr-em content-am	die zufriedene Ehefrau	uxōr-**ēs** content-**ās**	die zufriedenen Ehefrauen

§ 10 Aufgaben des Akkusativs: adverbiale Bestimmung des Ortes

In Verbindung mit einer Präposition (Verhältniswort) kann der Akkusativ auch adverbiale Bestimmung sein:

Ancillae	per viās	ambulant.	Die Sklavinnen schlendern durch die Straßen.
Subjekt	adv. Best.	Prädikat	

```
┌─────────┐         ┌─────────┐
│ Subjekt │─────────│ Prädikat│
└─────────┘         └─────────┘
                         │
                    ┌─────────────┐
                    │ adverbiale  │
                    │ Bestimmung  │
                    └─────────────┘
```

Beachte:
Viele lateinische Präpositionen sind immer mit dem Akkusativ verbunden, unabhängig davon, wie man fragt, z.B.: *apud mercātōrem* – beim Kaufmann.

§ 11 Wortart – Wortform – Satzglied

Du musst genau darauf achten, unter welchem Gesichtspunkt ein Wort betrachtet werden soll. Dabei ist zwischen der Wortart, der Wortform und der Rolle, die das Wort im Satzzusammenhang spielt, deutlich zu unterscheiden.

	Atticus	discipulum	vituperat.
Wortart	Substantiv	Substantiv	Verb
Wortform	Nom. Sg. m.	Akk. Sg. m.	3. Pers. Sg.
Satzglied	Subjekt (S)	Akkusativobjekt (AObj)	Prädikat (P)

	Atticus	discipulum	et	discipulam	vituperat.
Wortart	Substantiv	Substantiv	Konjunktion	Substantiv	Verb
Wortform	Nom. Sg. m.	Akk. Sg. m.		Akk. Sg. f.	3. Pers. Sg.
Satzglied	Subjekt (S)	Akkusativobjekt (AObj)			Prädikat (P)

	Hodiē	discipulī	per	viās	ambulant.
Wortart	Adverb	Substantiv	Präposition	Substantiv	Verb
Wortform		Nom. Pl. m.		Akk. Pl. f.	3. Pers. Pl.
Satzglied	adverbiale Bestimmung (aB)	Subjekt (S)	adverbiale Bestimmung (aB)		Prädikat (P)

Lektion 3

§ 12 1. und 2. Person Singular und Plural Präsens Aktiv

Wie man an den Endungen -*t* und -*nt* die 3. Person Singular und die 3. Person Plural eines Verbs erkennen kann, so gibt es auch für die anderen Personen eigene Personalendungen. Die Kennzeichen dafür sind:

1. Person Singular:	-ō	»ich (xe)«
2. Person Singular:	-s	»du (xst)«
3. Person Singular:	-t	»er/sie/es (xt)«
1. Person Plural:	-mus	»wir (xen)«
2. Person Plural:	-tis	»ihr (xt)«
3. Person Plural:	-nt	»sie (xen)«

Bei der ā-, ē- und ī-Konjugation werden diese Endungen an den Verbstamm (= Infinitiv minus Infinitivendung -*re*) angefügt. Damit ergibt sich für das Präsens dieser Verben folgende vollständige Tabelle:[1]

	ā-Konjugation		ē-Konjugation	
Infinitiv	vocā-re		tacē-re	
1. Person Singular	vocō[1]	ich rufe	tace-ō	ich schweige
2. Person Singular	vocā-s		tacē-s	
3. Person Singular	voca-t		tace-t	
1. Person Plural	vocā-mus		tacē-mus	
2. Person Plural	vocā-tis		tacē-tis	
3. Person Plural	voca-nt		tace-nt	

	ī-Konjugation		konsonantische Konjugation	
Infinitiv	audī-re		scrīb-e-re	
1. Person Singular	audi-ō	ich höre	scrīb-ō	ich schreibe
2. Person Singular	audī-s		scrīb-i-s	
3. Person Singular	audi-t		scrīb-i-t	
1. Person Plural	audī-mus		scrīb-i-mus	
2. Person Plural	audī-tis		scrīb-i-tis	
3. Person Plural	audi-u-nt		scrīb-u-nt	

Beachte:
Bei den Verben der konsonantischen Konjugation kann nur die Personalendung der 1. Person Singular unmittelbar an den Wortstamm angefügt werden. Bei der 2. Person Singular sowie bei der 1. und 2. Person Plural wird (wie schon bei der 3. Person Singular) ein -*i*- als Bindevokal eingefügt.

---

[1] Bei der ā-Konjugation verschmilzt in der 1. Person Singular das -ā des Wortstamms mit der Personalendung -o zu -ō (vocō ist aus vocā-o entstanden).

Das »Merkwort« für die Personalendungen des Präsens Aktiv lautet:
»-ō-s-t-mus-tis-nt«.

§ 13 Imperativ (Befehlsform)

Ein Befehl kann sich an eine (»Komm!«) oder mehrere Personen (»Kommt!«) richten. Der Imperativ Singular entspricht (außer bei der konsonantischen Konjugation, wo ein -e angefügt wird) dem Wortstamm, den Imperativ Plural erkennst du an der Endung -te.

ā-Konjugation:	Imperativ Singular:	vocā!	rufe!
	Imperativ Plural:	vocā-**te**!	ruft!
ē-Konjugation:	Imperativ Singular:	tacē!	schweig!
	Imperativ Plural:	tacē-**te**!	schweigt!
ī-Konjugation:	Imperativ Singular:	audī!	hör(e)!
	Imperativ Plural:	audī-**te**!	hört!
konsonantische Konjugation:	Imperativ Singular:	scrīb-e!	schreibe!
	Imperativ Plural:	scrīb-i-**te**!	schreibt!

§ 14 Präsens von esse, posse

Präsens von esse »sein«:

1. Person Singular	sum	ich bin
2. Person Singular	es	du bist
3. Person Singular	est	er/sie/es ist
1. Person Plural	sumus	wir sind
2. Person Plural	estis	ihr seid
3. Person Plural	sunt	sie sind
Imperativ Singular	es!	sei!
Imperativ Plural	este!	seid!

posse »können« (entstanden aus *potesse[2]) hat dieselben Endungen wie esse:

1. Person Singular	possum	ich kann
2. Person Singular	potes	
3. Person Singular	potest	
1. Person Plural	possumus	
2. Person Plural	potestis	
3. Person Plural	possunt	

Warum gibt es wohl zu posse keine Imperative?
Versuche eine Regel abzuleiten, nach welcher der Stamm des Verbs einmal *pot-* und einmal *pos-* heißt.

---

2 Das Sternchen vor einem lateinischen Wort bedeutet immer, dass es in dieser Form nicht vorkommt.

§ 15 Präsens von īre: gehen

1. Person Singular	eō	ich gehe
2. Person Singular	īs	
3. Person Singular	it	
1. Person Plural	īmus	
2. Person Plural	ītis	
3. Person Plural	eunt	
Imperativ Singular	ī	geh(e)!
Imperativ Plural	īte	geht!

§ 16 o-Deklination auf (e)r

Zur o-Deklination gehören auch einige Substantive und Adjektive auf -(e)r:

	Singular		Plural	
Nominativ	magister miser	der arme Lehrer	magistr-ī miser-ī	die armen Lehrer
Akkusativ	magistr-um miser-um	den armen Lehrer	magistr-ōs miser-ōs	die armen Lehrer

§ 17 Vokativ

Cavē, Tite!	Pass auf, Titus!
Valē, Mārcia!	Leb wohl, Marcia!
Vōs magistrī!	Ihr Lehrer!

Im Unterschied zum Deutschen hat das Lateinische für die Anrede einen besonderen Kasus, den Vokativ (*vocāre*: rufen). Normalerweise hat der Vokativ dieselben Endungen wie der Nominativ Singular und Plural, nur in der o-Deklination, und da auch nur im Singular der Nomina auf -*us*, ist die Anredeform an einer eigenen Endung zu erkennen:

o-Deklination (amīcus)

Vokativ Singular	Salvē, amīc-e!	Guten Tag, (mein) Freund!
Vokativ Plural	Salvēte, amīc-ī!	Guten Tag, (meine) Freunde!

ā-Deklination (amīca)

Vokativ Singular	Salvē, amīc-a!	Guten Tag, (liebe) Freundin!
Vokativ Plural	Salvēte, amīc-ae!	Guten Tag, (liebe) Freundinnen!

konsonantische Deklination (mercātor)

Vokativ Singular	Salvē, mercātor!	Guten Tag, Kaufmann!
Vokativ Plural	Salvēte, mercātor-ēs!	Guten Tag, ihr Kaufleute!

Ausnahme:
Substantive der o-Deklination auf -*ius* bilden den Vokativ auf -*ī*:

Salvē, Tiber-ī	(He,/Hallo,) (mein) Tiberius!

§ 18 Personalpronomen

Vīsitāsne nōs post labōrem?   Besuchst du uns nach der Arbeit?

Auch die Personalpronomina (= persönlichen Fürwörter) ich; du; wir; ihr können dekliniert werden:

	1. Person Singular	2. Person Singular	1. Person Plural	2. Person Plural
Nominativ	egō ich	tū du	nōs wir	vōs ihr
Akkusativ	mē mich	tē dich	nōs uns	vōs euch

Beachte:
Im Nominativ steht das Personalpronomen nur, wenn die Person besonders betont werden soll:

Egō labōrō, tū dormīs.   Ich arbeite, du (aber) schläfst.

§ 19 Fragesätze

Wort- und Ergänzungsfragen

Quid agis?   Was tust du?
Cūr semper clāmātis?   Warum schreit ihr immer?

Fragen, die durch ein **Interrogativpronomen** (= Fragefürwort) (z.B. *quid*) oder durch ein **Frageadverb** (z.B. *cūr*) eingeleitet werden, nennt man Wort- oder Ergänzungsfragen.

Satzfragen

Andere Fragen beziehen sich auf die Aussage des ganzen Fragesatzes: Man möchte wissen, ob die gefragte Person zustimmt oder nicht. Im Lateinischen kann man – wie im Deutschen übrigens auch – durch das Fragewort, die **Fragepartikel**, zeigen, welche Antwort man erwartet.

a) Num Herculēs sum?   Bin ich denn/etwa Herkules?
                                   (– Nein, natürlich nicht.)

Nach *num ...?* wird eine negative Antwort erwartet.

b) Nōnne audīs?   Hörst du nicht?/Du hörst doch?
                                   (– Ja, doch, ich höre.)

Nach *nōnne ...?* rechnet man mit einer Zustimmung.

c) Vīsitāsne nōs post labōrem?   Besuchst du uns nach der Arbeit?

Die angehängte Partikel *-ne* legt keine bestimmte Antwort nahe. Die fragende Person hält sowohl die Antwort »ja« als auch die Antwort »nein« für möglich.

Fragepartikel	erwartete Antwort	Übersetzung
-ne	ja/nein	
num	nein	denn, etwa
nōnne	doch, ja	etwa nicht

Lektion 4

§ 20 Neutrum der o-Deklination

Nominativ Singular	tēct-**um**	das Dach	Nominativ Plural	tēct-**a**	die Dächer
Akkusativ Singular	tēct-**um**	das Dach	Akkusativ Plural	tēct-**a**	die Dächer

> Für alle Substantive im Neutrum gilt:
> Nominativform = Akkusativform
> Der Nominativ und Akkusativ Plural haben immer die Endung **-a.**

§ 21 Genitiv

Formen

ā-Deklination

Singular		Plural	
ancill-**ae**	der Sklavin	ancill-**ārum**	der Sklavinnen

o-Deklination (m. und n.)

domin-**ī**	des Herrn	domin-**ōrum**	der Herren
tēct-**ī**	des Dachs	tēct-**ōrum**	der Dächer

konsonantische Deklination

senātōr-**is**	des Senators	senātōr-**um**	der Senatoren

Der Genitiv als Satzglied

Auf die Frage »Wessen?« steht der Genitiv. Er kann als **Attribut** (»Beifügung«) ein anderes Satzglied erweitern:

1. Er steht z.B. als (Genitiv-/substantivisches) Attribut:

Ancilla	dominī	labōrat.	Die Sklavin des Herrn arbeitet.
Subjekt	Attribut	Prädikat	

```
Subjekt ─────── Prädikat
   │
   │
Attribut
```

2. Semantische Funktion des Genitivs

Als **genitīvus possessīvus** zeigt er den Besitzer oder die Zugehörigkeit an:

vīlicus Titī der Verwalter des Titus
vīta senātōrum das Leben der Senatoren

§ 22 Dativ

Formen

ā-Deklination

Singular		Plural	
ancill-**ae**	der Sklavin	ancill-**īs**	den Sklavinnen

o-Deklination (maskulin und Neutrum)

| domin-**ō** | dem Herrn | domin-**īs** | den Herren |
| tēct-**ō** | dem Dach | tēct-**īs** | den Dächern |

konsonantische Deklination

| senātōr-**ī** | dem Senator | senātōr-**ibus** | den Senatoren |

Der Dativ als Satzglied

Auf die Frage »Wem?« antwortet der Dativ. Die im Dativ stehende Ergänzung zum Prädikat heißt **Dativobjekt (DObj)**.

Vīlicus	dominō	hortum	mōnstrat.	Der Verwalter zeigt seinem Herrn den Garten.
Subjekt	Dativobjekt	Akkusativobjekt	Prädikat	

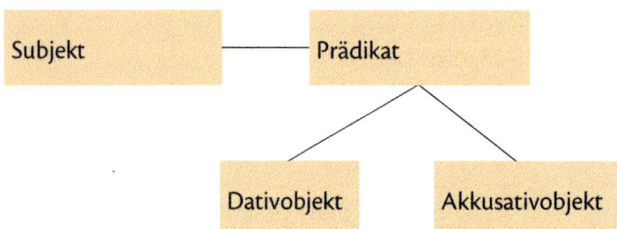

Semantische Funktionen des Dativs

1. Der **datīvus commodī** bezeichnet die Person oder Sache, zu deren Vorteil etwas geschieht:

Semper salūtī populī Rōmānī cōnsulimus.   Wir sorgen immer für das Wohl des
                                          römischen Volkes.

2. Der **datīvus possessīvus** steht als Ergänzung zu einer Form von *esse*, das dann nicht mehr als Hilfsverb, sondern als Vollverb gebraucht wird, und gibt den Besitzer an:

Ōtium nōbīs nōn est.   *[1]Freie Zeit ist uns nicht. =
                                          Wir haben keine freie Zeit.

In diesen Fällen übersetzt du den Dativ am besten als Nominativ und *esse* mit »haben, besitzen«.

§ 23 Übersicht über die ā-, o- und konsonantische Deklination

ā-Deklination

	Singular		Plural	
Nominativ	ancill-a	die Sklavin	ancill-ae	die Sklavinnen
Genitiv	ancill-ae	der Sklavin	ancill-ārum	der Sklavinnen
Dativ	ancill-ae	der Sklavin	ancill-īs	den Sklavinnen
Akkusativ	ancill-am	die Sklavin	ancill-ās	die Sklavinnen
Vokativ	ancill-a	Sklavin!	ancill-ae	Sklavinnen!

o-Deklination, maskulin

	Singular		Plural	
Nominativ	domin-us	der Herr	domin-ī	die Herren
Genitiv	domin-ī	des Herrn	domin-ōrum	der Herren
Dativ	domin-ō	dem Herrn	domin-īs	den Herren
Akkusativ	domin-um	den Herrn	domin-ōs	die Herren
Vokativ	domin-e	Herr!	domin-ī	Herren!

---

1 Die mit einem * gekennzeichneten Sätze geben ab hier die »wörtliche« Übersetzung wieder, die im Deutschen so nicht bleiben kann.

o-Deklination, neutrum

	Singular		Plural	
Nominativ	tēct-um	das Dach	tēct-a	die Dächer
Genitiv	tēct-ī	des Dach(e)s	tēct-ōrum	der Dächer
Dativ	tēct-ō	dem Dach	tēct-īs	den Dächern
Akkusativ	tēct-um	das Dach	tēct-a	die Dächer
Vokativ	(tēct-um)	(Dach!)	(tēct-a)	(Dächer!)

konsonantische Deklination

	Singular		Plural	
Nominativ	senātor	der Senator	senātōr-ēs	die Senatoren
Genitiv	senātōr-is	des Senators	senātōr-um	der Senatoren
Dativ	senātōr-ī	dem Senator	senātōr-ibus	den Senatoren
Akkusativ	senātōr-em	den Senator	senātōr-ēs	die Senatoren
Vokativ	senātor	Senator!	senātōr-ēs	Senatoren!

§ 24 Apposition

Dāvus, servus aegrōtus, …
Safrānia, vīlica et uxor Fēlīciōnis, …

Davus, ein kranker Sklave, …
Safrania, die Verwalterin und Frau des Felicio, …

Durch die Zusätze *servus aegrōtus* und *vīlica et uxor Fēlīciōnis* erfährt man Näheres über Davus bzw. Safrania. Wenn die Satzstelle Attribut durch ein Substantiv, das im gleichen Kasus wie sein Beziehungswort steht, gefüllt wird, spricht man von einer Apposition. Eine Apposition wird sehr oft durch Kommata eingerahmt.

Lektion 5

§ 25 Konsonantische Konjugation mit i-Erweiterung

Manche Verben der konsonantischen Konjugation haben in der 1. Person Singular und in der 3. Person Plural ein zusätzliches -i- vor der Personalendung, eine sog. i-Erweiterung. Verben dieses Typs gehören zur »konsonantischen Konjugation mit i-Erweiterung«.

Infinitiv	cupere	
1. Pers. Sg.	cupi-ō	ich wünsche
2. Pers. Sg.	cupi-s	
3. Pers. Sg.	cupi-t	
1. Pers. Pl.	cupi-mus	
2. Pers. Pl.	cupi-tis	
3. Pers. Pl.	cupi-unt	
Imperativ Sg.	cupe	wünsch(e)!
Imperativ Pl.	cupi-te	wünscht!

Ebenso: fugere, fugi-ō

§ 26 ē-Deklination

	Singular		Plural	
Nom.	r-ēs	die Sache	r-ēs	die Sachen
Gen.	r-eī	der Sache	r-ērum	der Sachen
Dat.	r-eī	der Sache	r-ēbus	den Sachen
Akk.	r-em	die Sache	r-ēs	die Sachen

Die Substantive der ē-Deklination sind in der Regel feminin.
Ausnahme: diēs, ēī m.: Tag

§ 27 aci als Satzglied

(1) Gnaeus clāmōrem audit. Gnaeus hört das Geschrei.
    (Wen oder was hört Gnaeus? – Das Geschrei.)
(2) Gnaeus virōs clāmāre audit. Gnaeus hört die Männer schreien.
    (Wen oder was hört Gnaeus? – Die Männer schreien.)

Die Satzstelle Akkusativobjekt wird in Satz 1 durch *clāmōrem*, in Satz 2 durch *virōs clāmāre* gefüllt.

Betrachten wir Satz 2 näher. In ihm sind zwei Aussagen zusammengefasst, nämlich:
a) Virī clāmant. Die Männer schreien.
b) Gnaeus audit. Gnaeus hört es.

Virī, das Subjekt des Satzes a), erscheint in Satz 2 als *virōs*, also als Akkusativ; *clāmant*, das Prädikat des Satzes a), als *clāmāre*, also als Infinitiv.

Man nennt diese Konstruktion daher a̲c̲cūsātīvus c̲um īn̲fīnītīvō (Akkusativ mit Infinitiv), kurz: aci. Der aci kommt im Lateinischen häufig vor und kann die Satzstelle Akkusativobjekt füllen.

Gnaeus	virōs clāmāre	audit.
Subjekt	Akkusativobjekt	Prädikat

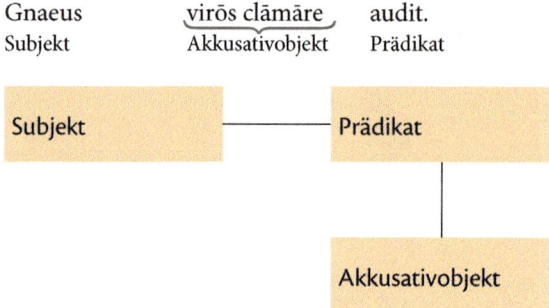

Wenn zu dem Infinitiv ein Prädikatsnomen tritt, steht auch das Prädikatsnomen im Akkusativ:

| Gnaeus palaestram plēnam virōrum esse videt. | Gnaeus sieht, dass die Palaestra voll von Männern ist. |

§ 28 Übersetzung des aci

»*Gnaeus virōs clāmāre audit*« lässt sich wörtlich ins Deutsche übersetzen: Gnaeus hört die Männer schreien. Der Akkusativ *virōs* wird mit dem Akkusativ *die Männer*, der Infinitiv *clāmāre* mit dem Infinitiv *schreien* wiedergegeben. Meistens ist jedoch eine wörtliche Übersetzung des aci nicht möglich:

Amīcōs saepe thermās vīsitāre scit.

In solchen Fällen kannst du, nachdem du das Prädikat übersetzt hast, den aci durch einen dass-Satz wiedergeben:

Er weiß, dass die Freunde oft die Thermen besuchen.

Der lateinische Akkusativ wird dabei zum Subjekt, der lateinische Infinitiv zum Prädikat des dass-Satzes. Deshalb könntest du – ohne dass sich der Sinn ändert – den Satz 2 in § 27 auch so übersetzen:

| Gnaeus virōs clāmāre audit. | Gnaeus hört, dass die Männer schreien. |

Der aci steht oft bei Verben

des Mitteilens:	z.B.: scrībere
des Wahrnehmens:	z.B.: audīre, vidēre
des Wissens und Denkens:	z.B.: scīre
des Empfindens:	z.B.: gaudēre
außerdem bei:	iubēre

§ 29 Erweiterungen des aci

Ein aci kann durch andere Satzglieder erweitert sein:

1. durch ein Attribut:

Gnaeus paucōs virōs adesse videt.   Gnaeus sieht, dass nur wenige Männer da sind.

2. durch ein Objekt:

Amīcōs thermās vīsitāre scit.   Er weiß, dass die Freunde die Thermen besuchen.

Um die beiden Akkusative *amīcōs* und *thermās*, die hier im Satz unterschiedliche Aufgaben erfüllen, zu unterscheiden, nennt man den Akkusativ, der zum Subjekt des dass-Satzes wird (hier also *amīcōs*), Subjektsakkusativ und den Akkusativ, der als Akkusativobjekt übersetzt wird (hier *thermās*), Objektsakkusativ. Im aci steht der Subjektsakkusativ normalerweise vor dem Objektsakkusativ.

3. durch (ein Objekt und) eine adverbiale Bestimmung:

Amīcōs saepe thermās vīsitāre scit.   Er weiß, dass die Freunde oft die Thermen besuchen.

§ 30 esse als Vollverb

Ubīque silentium est.   Überall ist (herrscht) Ruhe.

Esse ist hier als Vollverb gebraucht, d.h., es bildet ohne Ergänzung das Prädikat.

Auch im aci kann der Infinitiv *esse* als Vollverb gebraucht sein:

Gnaeus ubīque silentium esse gaudet.   Gnaeus freut sich, dass überall Ruhe ist (herrscht).

§ 31 Genitīvus partītīvus

pars plēbis: ein Teil des (einfachen) Volkes
turba virōrum: eine Schar von Männern
nēmō senātōrum: keiner der Senatoren

Der genitīvus partītīvus (»Teilungsgenitiv«) steht bei Wörtern, die ein Maß oder eine Menge angeben, außerdem bei Pronomina wie *nēmō, nihil, quid*. Dabei bezeichnet der Genitiv das Ganze, sein Beziehungswort einen Teil.

§ 32 Akkusativ der Ausdehnung

Multōs diēs cōnsulēs dēlīberant.   Die Konsuln überlegen viele Tage (lang).

Der Akkusativ bezeichnet hier die (zeitliche) Ausdehnung.

Nach	Wie lang(e)?	
	Wie hoch?	
	Wie breit?	
	Wie tief?	steht immer der Akkusativ.

§ 33 Reflexives Possessivpronomen: suus

Gnaeus amīcum suum vīsitat. Gnaeus besucht seinen Freund.
Vīlica dominō suō hortum mōnstrat. Die Verwalterin zeigt ihrem Herrn den Garten.
Cornēlius et Publius amīcōs suōs salūtant. Cornelius und Publius begrüßen ihre Freunde.
Sibylla et Domitilla amīcās suās invītant. Sibylla und Domitilla laden ihre Freundinnen ein.

Das reflexive Possessivpronomen *suus* (»sein, ihr«) verweist auf das Subjekt des Satzes. Ob *suus* mit sein oder ihr übersetzt wird, ist abhängig von dem Genus und dem Numerus des »besitzenden« Subjekts.

Lektion 6

§ 34 Ablativ

Alumnus	sine timōre	pūgnat.	Alumnus kämpft ohne Furcht.
Subjekt	adverbiale Bestimmung	Prädikat	

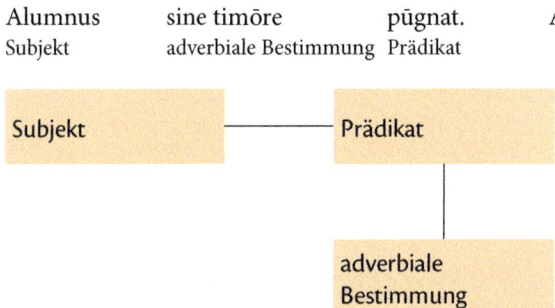

Für sehr viele adverbiale Bestimmungen gibt es im Lateinischen einen eigenen Kasus, den Ablativ. Oft steht er in Verbindung mit einer Präposition (*in, cum, sine, dē*):

cum amīcō   mit dem Freund

§ 35 Formen des Ablativs

o-Deklination

Maskulinum auf -us		
Sg.	cum amīc-ō	mit dem Freund
Pl.	cum amīc-īs	mit den Freunden

Maskulinum auf -er		
Sg.	cum magistr-ō	mit dem Lehrer
Pl.	cum magistr-īs	mit den Lehrern

Neutrum auf -um		
Sg.	dē tēct-ō	vom Dach herab
Pl.	dē tēct-īs	von den Dächern herab

ā-Deklination

Sg.	cum ancill-ā	mit der Sklavin
Pl.	cum ancill-īs	mit den Sklavinnen

konsonantische Deklination

Sg.	māgn-ō cum labōr-e	mit großer Mühe
Pl.	māgn-īs cum labōr-ibus	mit großen Mühen

ē-Deklination

Sg.	in r-ē pūblic-ā	im Staat
Pl.	in r-ēbus pūblic-īs	in den Staaten

§ 36 Semantische Funktionen des Ablativs

Die adverbialen Bestimmungen im Ablativ haben vielfältige semantische Funktionen:

Beispiel	Frage	semantische Funktion	Name des Ablativs
in hortō	Wo?	Ort	ablātīvus locī
prīmā lūce	Wann?	Zeit	ablātīvus temporis
māgnō cum clāmōre	Wie? Auf welche Art und Weise?	Art und Weise	ablātīvus modī
gladiō	Womit? Wodurch?	Mittel Werkzeug	ablātīvus īnstrūmentī
verbīs Pompēiānōrum	Warum? Weshalb?	Grund	ablātīvus causae
cum uxōribus	Mit wem?	Begleitung	ablātīvus sociātīvus

§ 37 Übersicht über die Deklinationen

Nun sind dir alle Formen der wichtigsten Deklinationen bekannt.

ā-Deklination

ancilla f.: Sklavin		
	Singular	Plural
Nom.	ancill-a	ancill-ae
Gen.	ancill-ae	ancill-ārum
Dat.	ancill-ae	ancill-īs
Akk.	ancill-am	ancill-ās
Abl.	cum ancill-ā	cum ancill-īs

o-Deklination

Masculina auf -us			Masculina auf -er		
servus m.: Sklave			magister m.: Lehrer		
	Singular	Plural		Singular	Plural
Nom.	serv-us	serv-ī	Nom.	magister	magistr-ī
Gen.	serv-ī	serv-ōrum	Gen.	magistr-ī	magistr-ōrum
Dat.	serv-ō	serv-īs	Dat.	magistr-ō	magistr-īs
Akk.	serv-um	serv-ōs	Akk.	magistr-um	magistr-ōs
Abl.	cum serv-ō	cum serv-īs	Abl.	cum magistr-ō	cum magistr-īs
Vok.	serv-e	serv-ī	Vok.	magister	magistr-ī

o-Deklination: Neutra

tēctum n.: Dach		
	Singular	Plural
Nom.	tēct-um	tēct-a
Gen.	tēct-ī	tēct-ōrum
Dat.	tēct-ō	tēct-īs
Akk.	tēct-um	tēct-a
Abl.	tēct-ō	tēct-īs

konsonantische Deklination

labor m.: Arbeit		
	Singular	Plural
Nom.	labor	labōr-ēs
Gen.	labōr-is	labōr-um
Dat.	labōr-ī	labōr-ibus
Akk.	labōr-em	labōr-ēs
Abl.	labōr-e	labōr-ibus

ē-Deklination

rēs f.: Sache		
	Singular	Plural
Nom.	r-ēs	r-ēs
Gen.	r-eī	r-ērum
Dat.	r-eī	r-ēbus
Akk.	r-em	r-ēs
Abl.	r-ē	r-ēbus

§ 38 Die Präposition in

Nach der lateinischen Präposition *in* steht der Akkusativ oder der Ablativ.

Safrānia in vīllam it.	Safrania geht ins Landhaus.
Safrānia in vīllā est.	Safrania ist im Landhaus.

Auf die Frage »Wohin?« antwortet der Akkusativ, auf die Frage »Wo?« der Ablativ.

tōtā urbe	in der ganzen Stadt
aliīs locīs	an anderen Orten

Bei *tōtus* und *locus* kann auf die Frage »Wo?« die Präposition *in* fehlen.

Lektion 7

§ 39 Substantivierung des Adjektivs

Wie im Deutschen kann auch im Lateinischen ein Adjektiv als Substantiv verwendet werden:

miser, misera, miserum	unglücklich; der Unglückliche, die Unglückliche, *das Unglückliche
Rōmānus, Rōmāna, Rōmānum	römisch; der Römer, die Römerin, das Römische

Bei einem substantivierten Adjektiv im Neutrum Plural ist eine wörtliche Übersetzung nicht möglich. Um das Neutrum zu verdeutlichen, setzt du am besten entweder »Dinge« hinzu oder du gibst die Form mit dem Singular wieder:

Multa Orpheus sēcum cōgitat.	Orpheus denkt über viele Dinge/vieles nach.

§ 40 is, ea id – dieser, diese, dies(es); er, sie, es

(1) Orpheus in Tartarum abit; (in) eō locō uxōrem quaerit.	Orpheus geht in den Tartarus; an diesem Ort sucht er seine Frau.

Eō, eine Form des Demonstrativpronomens (= hinweisendes Fürwort) *is, ea, id*, betont *locō* und steht mit seinem Beziehungswort in KNG-Kongruenz.

(2) Causa viae meae est Eurydica. Sine eā redīre nōn possum.	Der Grund meines Weges ist Eurydike. Ohne diese/sie kann ich nicht zurückkehren.

Um die stilistisch unschöne Wiederholung eines Wortes, hier im Beispiel *Eurydica*, zu vermeiden, kann im Lateinischen ebenso wie im Deutschen statt des Substantivs ein Demonstrativpronomen oder ein Personalpronomen stehen. Die Form dieses Pronomens richtet sich im Numerus und Genus nach dem Substantiv, das es vertritt. *Eā* im obigen Beispiel ist wie *Eurydica* Singular und feminin. Wegen der Präposition *sine* steht es hier im Ablativ.

Is, ea, id ist in (1) als Demonstrativpronomen verwendet. In (2) entspricht es dem deutschen Personalpronomen der 3. Person.

Formen

	Singular			Plural		
	m.	**f.**	**n.**	**m.**	**f.**	**n.**
Nom.	is	ea	id	iī (eī)	eae	ea
Gen.	eius	eius	eius	eōrum	eārum	eōrum
Dat.	ei	ei	ei	iīs (eīs)	iīs (eīs)	iīs (eīs)
Akk.	eum	eam	id	eōs	eās	ea
Abl.	eō	eā	eō	iīs (eīs)	iīs (eīs)	iīs (eīs)

§ 41 Die Verwendung von is, ea, id im Genitiv

Orpheus Dītem et Prōserpinam, uxōrem eius, adit. — Orpheus wendet sich an Dis/Pluto und dessen/seine Frau Proserpina.

Der Genitiv von *is, ea, id* wird häufig mit dem deutschen Possessivpronomen wiedergegeben.

§ 42 Reflexive und nichtreflexive Besitzverhältnisse

(1) Gnaeus Claudius servōs suōs ē thermīs fugere videt. — Gnaeus Claudius sieht, dass seine Sklaven aus den Thermen fliehen.
(2) Servī eius nōn semper contentī sunt. — Seine Sklaven sind nicht immer zufrieden.

Beispiel 1: Das reflexive (= rückbezügliche) Possessivpronomen *suus, a, um* verweist auf das Subjekt des Satzes (reflexives Besitzverhältnis).
Beispiel 2: Der Genitiv von *is, ea, id* verweist nicht auf das Subjekt desselben Satzes (nichtreflexives Besitzverhältnis).

§ 43 Reflexivpronomen

Dīs Eurydicam ad sē vocat. — Dis ruft Eurydike zu sich.

Sē ist ein Pronomen, das auf das Subjekt zurückverweist; es heißt deshalb Reflexivpronomen (rückbezügliches Fürwort).

Formen

	Singular und Plural	
Nom.	–	–
Gen.	(suī)	(seiner, ihrer)
Dat.	sibī	sich
Akk.	sē	sich
Abl.	sē (sēcum = cum sē)	(mit) sich

§ 44 Reflexivpronomen im aci

(1) Orpheus sē Eurydicam in mātrimōnium dūcere videt.
Orpheus sieht, dass/wie er Eurydike heiratet.

(2) Servī sē semper labōrāre dēbēre sciunt.
Die Sklaven wissen, dass sie immer arbeiten müssen.

Das Reflexivpronomen *sē* bezieht sich auch als Subjektsakkusativ im aci immer auf das Subjekt des Satzes:
(1) sē → Orpheus
(2) sē → servī
Deshalb musst du es in (1) mit dem Nominativ des Personalpronomens der 3. Person Singular maskulin »er«, in (2) mit dem Nominativ des Personalpronomens der 3. Person Plural »sie« wiedergeben.

Das Reflexivpronomen bezieht sich, auch wenn es in einem anderen Kasus steht, auf das Subjekt des Satzes:

Orpheus Eurydicam sibī ōscula dare sentit.   Orpheus fühlt, dass Eurydike ihm Küsse gibt.

> Beachte:
> 1. Bei der Übersetzung des Reflexivpronomens im aci musst du genau darauf achten, worauf es sich bezieht.
> 2. Im aci wird das Reflexivpronomen immer mit einem Personalpronomen übersetzt.

§ 45 Prädikativum

(1) Eurydica umbra in Tartarum abit. Eurydike geht als Schatten in die Unterwelt.
(2) Diū Orpheus uxōrī tacitus praecēdit. Lange geht Orpheus schweigend vor seiner Frau einher.

Umbra und *tacitus* nehmen eine Zwitterstellung ein:
1. Sie haben ein Beziehungswort, an das sie sich angleichen (Eurydica bzw. Orpheus).
2. Sie bestimmen das Prädikat näher.

In welchem Zustand geht Eurydike in die Unterwelt? – Als Schatten: umbra.
In welchem Zustand geht Orpheus vor seiner Frau einher? – Schweigend: tacitus.

Dieses Satzglied heißt Prädikativum (Pv).

Die Besonderheit des Prädikativums ist, dass es, anders als z.B. das Attribut, keine dauernde Eigenschaft bezeichnet, sondern einen Zustand angibt, der nur für den vorgegebenen Satz gelten soll:
(1) Eurydike ist nicht immer ein Schatten, sondern erst bei ihrem Gang in die Unterwelt.
(2) Orpheus ist nicht immer schweigsam, sondern in dem Augenblick, als er vor seiner Frau durch die Unterwelt geht.

Die Satzstelle Prädikativum kann durch ein Substantiv oder durch ein Adjektiv gefüllt sein. Bei der Übersetzung eines prädikativen Substantivs wird im Deutschen »als« hinzugefügt.

Satzbauplan

Orpheus   tacitus   praecēdit.   Orpheus geht schweigend einher.
Subjekt   Prädikativum   Prädikat

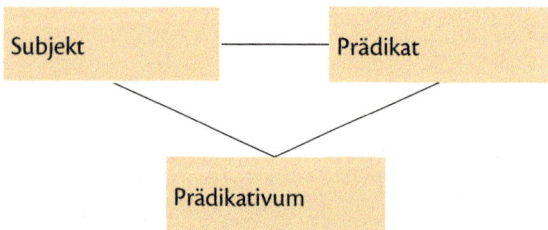

§ 46 Ablātīvus sēparātīvus

(1) Vōbis ex rēgnō meō abīre licet. Es ist euch erlaubt, aus meinem Reich fortzugehen.
(2) Iam Tartarō abeunt. Schon gehen sie aus dem Tartarus.

Auf die Frage »Wovon (weg)/Woher?« steht der ablātīvus sēparātīvus (Ablativ der Trennung). Er steht oft mit einer Präposition (z.B. *ab, ex, sine*); die Präposition kann aber auch, wie in (2), fehlen.

Lektion 8

§ 47 Funktionen des Relativsatzes

(1a) Deī, quī mē amīcum putant, semper mihi adsunt.
Die Götter, die mich für ihren Freund halten, stehen mir immer bei.

(1b) Hominēs, quōrum vīta dūra est, adiuvāre possum.
Ich kann die Menschen, deren Leben hart ist, unterstützen.

Der Relativsatz *quī mē amīcum putant* gibt eine nähere Information zu *deī*, der Relativsatz *quōrum vīta dūra est* zu *hominēs*. Diese Relativsätze füllen somit die Satzstelle Attribut.

(2a) Quī deōs nōn timet, līber est.
Wer die Götter nicht fürchtet, ist frei.

(2b) Prōdō, quae audiō.
Ich verrate, was ich höre.

Der Relativsatz kann auch die Satzstelle Subjekt (Beispiel 2a) oder Objekt (Beispiel 2b) füllen. In diesen Fällen hat das Relativpronomen kein Beziehungswort (vgl. aber § 48).

§ 48 Relativischer Anschluss

Deī hominēs neque potentiā neque sapientiā superant. Quī tamen deōs timent.
Die Götter übertreffen die Menschen weder an Macht noch an Weisheit. Diese/Sie aber fürchten die Götter.

Im Lateinischen steht oft am Anfang eines neuen Satzes ein Relativpronomen, um den Satz eng an den vorhergehenden anzubinden. Das Relativpronomen, das keinen Relativsatz einleitet, wird mit dem Demonstrativpronomen oder dem Personalpronomen übersetzt. Dieses Phänomen bezeichnet man als »relativischen Anschluss«.

§ 49 Formen des Relativpronomens

	m.	f.	n.	m.	f.	n.
Singular	quī	quae	quod	der	die	das
	cuius	cuius	cuius	dessen	deren	dessen
	cui	cui	cui	dem	der	dem
	quem	quam	quod	den	die	das
	quō	quā	quō	durch den	durch die	durch das, wodurch
Plural	quī	quae	quae[1]	die	die	die
	quōrum	quārum	quōrum	deren	deren	deren
	quibus	quibus	quibus	denen	denen	denen
	quōs	quās	quae	die	die	die
	quibus	quibus	quibus	durch die	durch die	durch die
In Verbindung mit cum: quōcum, quācum, quibuscum						

§ 50 Das Relativpronomen und sein Beziehungswort

(1) Cūncta, quae possidēre cupiō, possideō.
Alles, was ich zu besitzen wünsche, besitze ich.

(2) Frūctūs, quī super caput eius sunt, capere vult.
Er will die Früchte, die über seinem Kopf sind, erreichen.

Das Relativpronomen stimmt mit seinem Beziehungswort in Numerus und Genus überein. Der Kasus des Relativpronomens hängt davon ab, welche Funktion es innerhalb des Relativsatzes hat. In Beispiel 1 ist *quae* Akkusativobjekt des Relativsatzes und steht daher im Akkusativ; *quī* in Beispiel 2 ist Subjekt des Relativsatzes und steht somit im Nominativ.

§ 51 Neutrum der konsonantischen Deklination

Für die Neutra der konsonantischen Deklination gelten dieselben Regeln wie für die Neutra der o-Deklination (vgl. Lektion 4, § 20):
1. Nominativ und Akkusativ haben dieselbe Endung.
2. Im Nominativ und Akkusativ Plural heißt die Endung -a.

---

1 Substantiviert gebrauchte Pronomina werden wie substantiviert gebrauchte Adjektive übersetzt, vgl. Lektion 7, § 39.

	tempus n.: Zeit		nōmen n.: Name	
	Singular	Plural	Singular	Plural
Nom.	temp**us**	tempor-a	nōm**en**	nōmin-a
Gen.	tempor-is	tempor-um	nōmin-is	nōmin-um
Dat.	tempor-ī	tempor-ibus	nōmin-ī	nōmin-ibus
Akk.	temp**us**	tempor-a	nōm**en**	nōmin-a
Abl.	tempor-e	tempor-ibus	nōmin-e	nōmin-ibus

Substantive der konsonantischen Deklination auf *-us, oris* (z.B. *corpus, corporis*), *-us, -eris* (z.B. *vulnus, eris*) und *-men, minis* (z.B. *nōmen, nōminis*) sind Neutra.

§ 52 Ablātīvus līmitātiōnis

Virtūte Alumnus gladiātor Der Gladiator Alumnus übertrifft Callimorfus an
Callimōrfum superat. Tapferkeit.

Der ablātīvus līmitātiōnis (*līmitātiō*: Begrenzung) drückt als adverbiale Bestimmung aus, in welcher Hinsicht die Aussage gültig ist: An Tapferkeit ist Alumnus seinem Gegner überlegen (in anderen Punkten möglicherweise nicht).
Der ablātīvus līmitātiōnis antwortet auf die Frage »In welcher Hinsicht?«.

§ 53 Dativ des Personalpronomens

	1. Pers. Singular		2. Pers. Singular	
Nom.	egō	ich	tū	du
Gen.				
Dat.	**mihi**	mir	**tibi**	dir
Akk.	mē	mich	tē	dich
Abl.				
	1. Pers. Plural		2. Pers. Plural	
Nom.	nōs	wir	vōs	ihr
Gen.				
Dat.	**nōbīs**	uns	**vōbīs**	euch
Akk.	nōs	uns	vōs	euch
Abl.				

Lektion 9

§ 54 Funktion des Perfekts

Herī vir pulcherrimus rēgiam intrāvit. Menelāus māgnō cum gaudiō eum salutāvit. Colloquia longa inter sē habuērunt …	Gestern ist ein sehr schöner Mann in den Palast gekommen (kam). Menelaus hat ihn mit großer Freude begrüßt (begrüßte ihn). Sie haben untereinander lange Gespräche geführt (führten).

In den Beispielsätzen stehen die Prädikate *intrāvit, salutāvit* und *habuērunt* im Perfekt. Im Lateinischen ist das Perfekt das Erzähltempus. Es wird in der Regel gebraucht, um einmalige Vorgänge in der Vergangenheit, die abgeschlossen sind, darzustellen.

Du kannst das Perfekt meist mit dem Präteritum übersetzen (*kam, grüßte, führten*); es wird aber auch, besonders wenn es sich bei dem Text um ein Gespräch handelt, mit dem deutschen Perfekt wiedergegeben:

Nōnne audīvistī?	Hast du nicht gehört?

§ 55 Formen des Perfekts

	ā-Konjugation mōnstrāre	
1. Pers. Sg.	mōnstrāv-**ī**	ich habe gezeigt; ich zeigte
2. Pers. Sg.	mōnstrāv-**istī**	
3. Pers. Sg.	mōnstrāv-**it**	
1. Pers. Pl.	mōnstrāv-**imus**	
2. Pers. Pl.	mōnstrāv-**istis**	
3. Pers. Pl.	mōnstrāv-**ērunt**	
Infinitiv der Vorzeitigkeit/ Infinitiv Perfekt	mōnstrāv-**isse**	

	ē-Konjugation habēre		ī-Konjugation audīre	
1. Pers. Sg.	habu-ī	ich habe gehabt; ich hatte	audīv-ī	ich habe gehört; ich hörte
2. Pers. Sg.	habu-istī		audīv-istī	
3. Pers. Sg.	habu-it		audīv-it	
1. Pers. Pl.	habu-imus		audīv-imus	
2. Pers. Pl.	habu-istis		audīv-istis	
3. Pers. Pl.	habu-ērunt		audīv-ērunt	
Infinitiv der Vorzeitigkeit/ Infinitiv Perfekt	habu-isse		audīv- isse	

Die Endungen werden an den Perfektstamm angehängt.
Der Perfektstamm der ā- und ī-Konjugation wird oft dadurch gebildet, dass an den Präsensstamm ein -v- gehängt wird: *monstrāv-; audīv-*.
Bei der ē-Konjugation endet der Perfektstamm oft auf -u-: *habu-*.

Verben, deren Perfektstamm anders gebildet wird, sind mit ihren Stammformen im Vokabelverzeichnis aufgeführt. Dazu gehören alle Verben der konsonantischen Konjugation.

Eine Gruppe von Verben bildet ihren Perfektstamm auf **-s-**:
scrībere → scrīpsī
prōmittere → prōmīsī
dīcere → dīxī, entstanden aus dīcs- (aus cs wird x)

Bei einer anderen Gruppe von Verben unterscheiden sich der Präsens- und der Perfektstamm nur durch die Länge des Stammvokals: Dieser ist im Perfekt »gedehnt«. Man spricht daher von Dehnungsperfekt.
accipere → accēpī
convenīre → convēnī

Beachte:
esse bildet den Perfektstamm **fu-**:
fu-ī, fu-istī, fu-it usw.: ich war; ich bin gewesen usw.

Auch die Komposita von esse haben den Perfektstamm **fu-**:
abesse, absum, āfuī
adesse, adsum, adfuī
dēesse, dēsum, dēfuī
interesse, intersum, interfuī

posse hat den Perfektstamm **potu**-:
potu-ī, potu-istī, potu-it usw.: ich konnte; ich habe gekonnt

īre und seine Komposita bilden den Perfektstamm i-; vor *s* werden das *i* des Stammes und das *i* der Endung gewöhnlich zusammengezogen.

1. Pers. Sg.	i-ī	ich ging; ich bin gegangen
2. Pers. Sg.	istī	
3. Pers. Sg.	i-it	
1. Pers. Pl.	i-imus	
2. Pers. Pl.	īstis	
3. Pers. Pl.	i-ērunt	
Infinitiv der Vorzeitigkeit/ Infinitiv Perfekt	īsse	

Perfekt = Erzähltempus
Personalendungen: -ī, -istī, -it, -imus, -istis, -ērunt
Infinitiv: -isse

§ 56 Verschiedene Infinitive: Zeitverhältnisse im aci

(1) Paris fēminās pulchrās levēs esse putāt.
Paris glaubt, dass schöne Frauen leichtfertig sind/ seien.
(2) Paris fēminās pulchrās levēs esse putāvit.
Paris glaubte, dass schöne Frauen leichtfertig sind/ seien.
(3) Ex aliīs servīs audīvī eum Paridem esse.
Von anderen Sklaven habe ich gehört, dass dieser (Mann) Paris sei.
(4) Paridem cum pāstōribus gregēs patris cūstōdīvisse narrant.
Sie erzählen, dass Paris mit den Hirten die Herden seines Vaters gehütet hat/habe.
(5) Paridem cum pāstōribus gregēs patris cūstōdīvisse narravērunt.
Sie haben erzählt, dass Paris mit den Hirten die Herden des Vaters gehütet habe.

Der Infinitiv gibt das Zeitverhältnis zum Prädikat an.
– In den Sätzen 1, 2 und 3 steht der Infinitiv der Gleichzeitigkeit/Infinitiv Präsens: Die Aussage des aci ist dadurch gleichzeitig zur Aussage des Prädikats. Die Meinung bzw. das Hören und der Inhalt der Meinung/des Hörens sind auf derselben Zeitstufe angesiedelt.
– In den Sätzen 4 und 5 steht der Infinitiv der Vorzeitigkeit/Infinitiv Perfekt: Die Aussage des aci ist dadurch vorzeitig zur Aussage des Prädikats. Das Hüten der Herden hat stattgefunden, bevor davon erzählt wird.

> xx-re: Infinitiv der Gleichzeitigkeit/Infinitiv Präsens
> xx-isse: Infinitiv der Vorzeitigkeit/Infinitiv Perfekt

§ 57 Akkusativ des Ausrufs

O tē miserum! O du Elender!
O mē miseram! O ich Arme!

Im Lateinischen steht in Ausrufen, anders als im Deutschen, oft der Akkusativ.

§ 58 Ortsangaben bei Städtenamen (1)

Mēcum Spartā Trōiam abīre cupis. Du willst mit mir von Sparta nach Troja gehen.
Spartae vīta dūra est. In Sparta ist das Leben hart.

Städtenamen werden ohne Präposition verwendet:

Auf die Frage »Wohin?« steht der bloße Akkusativ,
auf die Frage »Woher?« steht der bloße Ablativ,
auf die Frage »Wo?« steht der Lokativ.

Den Lokativ gibt es nur bei Städtenamen im Singular, die zur ā- und o-Deklination gehören:
Spartae: in Sparta; Rōmae: in Rom; Corinthī: in Korinth
Der Lokativ hat dieselbe Form wie der Genitiv Singular.

§ 59 Ablativ des Personalpronomens

	1. Pers. Sg.		2. Pers. Sg.	
Nom.	egō	ich	tū	du
(Gen.	meī	meiner	tuī	deiner)
Dat.	mihi	mir	tibi	dir
Akk.	mē	mich	tē	dich
Abl.	**mē**		**tē**	
	ā mē	von mir	**ā tē**	von dir
	mēcum	mit mir	**tēcum**	mit dir
	1. Pers. Pl.		2. Pers. Pl.	
Nom.	nōs	wir	vōs	ihr
(Gen.	nostrī/nostrum	unser	vestrī/vestrum	euer)
Dat.	nōbīs	uns	vōbīs	euch
Akk.	nōs	uns	vōs	euch
Abl.	**nōbīs**		**vōbīs**	
	ā nōbīs	von uns	**ā vōbīs**	von euch
	nōbīscum	mit uns	**vōbīscum**	mit euch

Lektion 10

§ 60 Bedeutung des Imperfekts

(1) Vōs sōlum armīs pūgnāre in animō habēbātis. Ihr hattet (immer) nur im Sinn mit Waffen zu kämpfen.

Im Imperfekt werden länger andauernde Handlungen in der Vergangenheit und Zustände der Vergangenheit dargestellt. Bei der Übersetzung ins Deutsche kannst du diese Bedeutung der Dauer, den **durativen Aspekt** (*dūrāre*: dauern) des Imperfekts, verdeutlichen, indem du z.B. ein Adverb wie »immer«, »gewöhnlich« oder das Verb »pflegen« hinzusetzt.

(2) Trōiānī iterum iterumque dē equō cōnsulēbant. Die Trojaner berieten immer wieder über das Pferd.

Hier bezeichnet das Imperfekt die Wiederholung einer Handlung in der Vergangenheit (**iterativer Aspekt**).

(3) Cassandra Trōiānōs dētinēbat. Cassandra versuchte die Trojaner abzuhalten.

Das Imperfekt kann auch zum Ausdruck bringen, dass eine Handlung in der Vergangenheit nur versucht wurde. Dieses Imperfekt heißt **imperfectum dē cōnātū.**

> Bedeutung des Imperfekts: Dauer, Wiederholung, Versuch.

§ 61 Unterschied Perfekt und Imperfekt

Decem annōs Graecī Trōiam oppūgnābant. Zehn Jahre lang belagerten die Griechen Troja.
Sed decimō annō vir callidus dolum invēnit. Aber im zehnten Jahr ersann ein schlauer Mann eine List.

Im Imperfekt werden Dinge dargestellt, die den Hintergrund der Erzählung beschreiben, im Perfekt hingegen die einzelnen Geschehnisse, die sich vor diesem Hintergrund ereignen.

Decem annōs Graecī Trōiam oppūgnābant.
⟵───────────────────────────⟶
           ↑
   Decimō annō vir callidus dolum invēnit.

> Auf die Frage »Was war (schon)?« steht das Imperfekt, auf die Frage »Was geschah (dann)?« das Perfekt.

§ 62 Formen des Imperfekts

	ā-Konjugation vocā-re		ē-Konjugation timē-re	
1. Pers. Sg.	vocā-**ba**-m	ich rief	timē-ba-m	ich fürchtete
2. Pers. Sg.	vocā-**bā**-s		timē-bā-s	
3. Pers. Sg.	vocā-**ba**-t		timē-ba-t	
1. Pers. Pl.	vocā-**bā**-mus		timē-bā-mus	
2. Pers. Pl.	vocā-**bā**-tis		timē-bā-tis	
3. Pers. Pl.	vocā-**ba**-nt		timē-ba-nt	

	ī-Konjugation audī-re		kons. Konjugation scrīb-e-re	
1. Pers. Sg.	audi-ē-ba-m	ich hörte	scrīb-ē-ba-m	ich schrieb
2. Pers. Sg.	audi-ē-bā-s		scrīb-ē-bā-s	
3. Pers. Sg.	audi-ē-ba-t		scrīb-ē-ba-t	
1. Pers. Pl.	audi-ē-bā-mus		scrīb-ē-bā-mus	
2. Pers. Pl.	audi-ē-bā-tis		scrīb-ē-bā-tis	
3. Pers. Pl.	audi-ē-ba-nt		scrīb-ē-ba-nt	

	kons. Konjugation mit i-Erweiterung cap-e-re	
1. Pers. Sg.	capi-ē-ba-m	ich fing
2. Pers. Sg.	capi-ē-bā-s	
3. Pers. Sg.	capi-ē-ba-t	
1. Pers. Pl.	capi-ē-bā-mus	
2. Pers. Pl.	capi-ē-bā-tis	
3. Pers. Pl.	capi-ē-ba-nt	

Das eingeschobene *-ba-* ist das Kennzeichen (Tempusmorphem) für das Imperfekt.

Imperfekt:
-bam, -bās, -bat, -bāmus, -bātis, -bant.

Unregelmäßige Verben

	esse		posse		īre	
1. Pers. Sg.	eram	ich war	poteram	ich konnte	ī-**ba**-m	ich ging
2. Pers. Sg.	erās		poterās		ī-bā-s	
3. Pers. Sg.	erat		poterat		ī-ba-t	
1. Pers. Pl.	erāmus		poterāmus		ī-bā-mus	
2. Pers. Pl.	erātis		poterātis		ī-bā-tis	
3. Pers. Pl.	erant		poterant		ī-ba-nt	
ebenso: abesse, adesse, dēesse, interesse					ebenso: abīre, adīre, redīre	

§ 63 Bildeweisen des Perfekts: Reduplikationsperfekt

dare → dō: ich gebe **ded**ī: ich gab/ich habe gegeben
crēdere → crēdō: ich glaube crē**did**ī: ich glaubte, ich habe geglaubt

Das Verb *dare* bildet den Perfektstamm durch Verdoppelung des Präsensstamms. Man spricht daher von Reduplikationsperfekt.

§ 64 Datīvus fīnālis

Tū, Ulixēs, mihi odiō fuistī.   *Du warst mir zum Hass. = Du warst mir verhasst; ich habe dich gehasst.

Der **datīvus fīnālis** steht oft in Verbindung mit einem weiteren Dativ der Person (hier: *mihi*) und gibt den Zweck oder die Wirkung an. Meist kannst du ihn mit der Frage »Wozu?« erschließen.

Lektion 11

§ 65 u-Deklination

exercitus m.: Heer		
	Singular	Plural
Nom.	exercit-us	exercit-ūs
Gen.	exercit-ūs	exercit-uum
Dat.	exercit-uī	exercit-ibus
Akk.	exercit-um	exercit-ūs
Abl.	exercit-ū	exercit-ibus

Die Substantive der u-Deklination sind meistens maskulin.
Ausnahmen:
manus, ūs f.: Hand
domus, ūs f.: Haus

Das Substantiv domus wird teilweise nach der o-Deklination dekliniert:

domus f.: Haus		
	Singular	Plural
Nom.	dom-us	dom-ūs
Gen.	dom-ūs	dom-ōrum (dom-uum)
Dat.	dom-uī	dom-ibus
Akk.	dom-um	dom-ōs (selten dom-ūs)
Abl.	dom-ō	dom-ibus

Beachte:
domum: nach Hause
domī: zu Hause
domō: von zu Hause

§ 66 Genitīvus subiectīvus

Der genitīvus subiectīvus gibt an, wer etwas empfindet oder tut:

Ira deōrum māgna est.   Der Zorn der Götter ist groß.

§ 67 Genitīvus obiectīvus

Der genitīvus obiectīvus gibt an, worauf eine Handlung oder ein Gefühl gerichtet ist.

rēgnum Italiae die Herrschaft über Italien
gaudium labōris die Freude an der Arbeit

Manchmal ist ein Ausdruck nicht eindeutig:

timor rēgīnae 1. die Furcht der Königin (genitīvus subiectīvus)
2. die Furcht vor der Königin (genitīvus obiectīvus)

§ 68 Ortsangaben bei Städtenamen (2)

Trōiānī aliquamdiū Carthāgine vīvēbant. Die Trojaner lebten eine Zeit lang in Karthago.

Bei Städtenamen der konsonantischen Deklination steht auf die Frage »Wo?« der bloße Ablativ (ablātīvus locī). Vgl. Lektion 9, §58.

§ 69 Funktion des Perfekts: resultatives Perfekt

Nōnne mē tē ex animō amāvisse nōvistī? Hast du nicht erfahren → Weißt du nicht, dass ich dich von Herzen geliebt habe?

Das Perfekt *nōvistī* beschreibt einen Vorgang in der Vergangenheit. Er ist zwar abgeschlossen, wirkt sich aber noch auf die Gegenwart aus. In der Fachsprache heißt dieses Perfekt resultatives Perfekt (vgl. Resultat = Ergebnis).

§ 70 Bildeweisen des Perfekts: Stammperfekt

incendere → incendō: ich zünde an   incendī: ich zündete an/ich habe angezündet

Bei einigen Verben zeigt der Perfektstamm gegenüber dem Präsensstamm keine Veränderung; wir sprechen in diesen Fällen von Stammperfekt.

§ 71 Adverbiale Gliedsätze

(1) Postquam exercitūs Graecōrum Trōiam expūgnāvērunt, Aenēās cum Anchīsā patre effūgit.
Nachdem die Heere der Griechen Troja erobert hatten, ergriff Aeneas mit seinem Vater Anchises die Flucht.

(2) Sī Carthāgō vōbīs placet, in Africā manēre vōbīs licet.
Wenn euch Karthago gefällt, dürft ihr in Afrika bleiben.

(3) Aenēās maestus erat, quod ei Carthāgine mānere nōn licēbat.
Aeneas war traurig, weil er nicht in Karthago bleiben durfte.

Im Beispiel 1 gibt der durch *postquam* eingeleitete Satz einen Zeitpunkt an (Wann floh Aeneas mit seinem Vater?); im Beispiel 2 stellt der durch *sī* eingeleitete Satz eine Bedingung (Unter welcher Bedingung dürft ihr bleiben?) und im Beispiel 3 leitet *quod* eine Begründung ein (Warum war Aeneas unglücklich?). Diese Sätze füllen also, bezogen auf den Hauptsatz, die Satzstelle adverbiale Bestimmung. Daher nennt man sie adverbiale Gliedsätze.

Wie die adverbialen Bestimmungen (vgl. Lektion 1, § 7) haben auch die adverbialen Gliedsätze unterschiedliche semantische Funktionen, die durch die einleitenden Subjunktionen angezeigt werden:

Subjunktion	syntaktische Funktion (Satzstelle)	semantische Funktion	Name des Gliedsatzes
postquam + Perf.: nachdem	adverbiale Bestimmung	Zeit	Temporalsatz
cum: als	adverbiale Bestimmung	Zeit	Temporalsatz
cum: (immer) wenn	adverbiale Bestimmung	Zeit (Wiederholung)	Temporalsatz (Iterativsatz)
cum (subitō): als plötzlich	adverbiale Bestimmung	Zeit	Temporalsatz
ubī prīmum + Perf.: sobald	adverbiale Bestimmung	Zeit	Temporalsatz
sī: wenn/falls	adverbiale Bestimmung	Bedingung	Konditionalsatz
quamquam: obwohl	adverbiale Bestimmung	Einräumung, Gegengrund	Konzessivsatz
ut: wie	adverbiale Bestimmung	Vergleich	Komparativsatz
quod: weil	adverbiale Bestimmung	Grund	Kausalsatz

Beachte:
Nach *postquam* und *ubī prīmum* steht, auch wenn Vorzeitigkeit zu einem Tempus der Vergangenheit ausgedrückt werden soll, immer das Perfekt.

Lektion 12

§ 72 Demonstrativpronomina

ille, illa, illud: jener, jene, jenes

(1) Illīs antīquīs temporibus   In jenen alten Zeiten
(2) Pāstōrēs illum relīquērunt.   Die Hirten ließen jenen (Mann) zurück.

Das Demonstrativpronomen *ille, illa, illud* weist auf etwas hin, was für den Sprecher zeitlich, räumlich oder gefühlsmäßig weit entfernt ist.

Ille, illa, illud kann sowohl wie ein Adjektiv (Beispiel 1) als auch wie ein Substantiv (Beispiel 2) verwendet werden.

	Singular			Plural		
	m.	f.	n.	m.	f.	n.
Nom.	ille	illa	illud	illī	illae	illa
Gen.	illīus	illīus	illīus	illōrum	illārum	illōrum
Dat.	illī	illī	illī	illīs	illīs	illīs
Akk.	illum	illam	illud	illōs	illās	illa
Abl.	illō	illā	illō	illīs	illīs	illīs

iste, ista, istud: dieser (da), diese (da), dieses (da)

Putāsne rē vērā istum sulcum   Glaubst du wirklich, dass diese Furche da Feinde
hostibus terrōrī esse?   erschrecken kann?
Vidēsne istum?   Siehst du den da?

Dieses Demonstrativpronomen hat häufig einen abwertenden Sinn.
Auch *iste, ista, istud* kann adjektivisch (Satz 1) oder substantivisch (Satz 2) gebraucht werden.
Iste, ista, istud wird wie *ille, illa, illud* dekliniert:

	Singular			Plural		
	m.	f.	n.	m.	f.	n.
Nom.	iste	ista	istud	istī	istae	ista
Gen.	istīus	istīus	istīus	istōrum	istārum	istōrum
Dat.	istī	istī	istī	istīs	istīs	istīs
Akk.	istum	istam	istud	istōs	istās	ista
Abl.	istō	istā	istō	istīs	istīs	istīs

hic, haec, hoc: dieser, diese, dies(es)

(1) Hōc modō nostram urbem dēfendere dēbēmus.	Auf diese Weise müssen wir unsere Stadt verteidigen.
(2) Pāstōrēs hunc vīcisse cōnsēnsērunt.	Die Hirten waren übereinstimmend der Meinung, dass dieser (Mann) gesiegt habe.

Im Gegensatz zu *ille, illa, illud* verweist *hic, haec, hoc* auf das, was sich für den Sprecher oder die Sprecherin in unmittelbarer räumlicher, zeitlicher oder gefühlsmäßiger Nähe befindet. Auch *hic, haec, hoc* kann adjektivisch (Satz 1) oder substantivisch (Satz 2) gebraucht werden.

	Singular			Plural		
	m.	f.	n.	m.	f.	n.
Nom.	hic	haec	hoc	hī	hae	haec
Gen.	huius	huius	huius	hōrum	hārum	hōrum
Dat.	huic	huic	huic	hīs	hīs	hīs
Akk.	hunc	hanc	hoc	hōs	hās	haec
Abl.	hōc	hāc	hōc	hīs	hīs	hīs

§ 73 Possessivpronomen (Zusammenfassung)

1. Pers. Sg.	meus, a, um	mein
2. Pers. Sg.	tuus, a, um	dein
3. Pers. Sg.	suus, a, um	sein; ihr vgl. Lektion 5, § 33 und Lektion 7, §§ 41–43
1. Pers. Pl.	noster, nostra, nostrum	unser
2. Pers. Pl.	vester, vestra, vestrum	euer
3. Pers. Pl.	suus, a, um	ihr vgl. Lektion 5, § 33 und Lektion 7, §§ 41–43

Beachte:
Der Vokativ von *meus* heißt *mī*.

Für die lateinischen Possessivpronomina aller Personen gilt: Sie stehen nur, wenn das Besitzverhältnis besonders betont werden soll.

§ 74 Funktion und Formen des Plusquamperfekts

Rōmulus urbem, quam condiderat, ex nōmine suō Rōmam vocāvit.
Romulus nannte die Stadt, die er gegründet hatte, nach seinem Namen Rom.

Zuerst wurde die Stadt gegründet, dann bekam sie einen Namen: Das lateinische Plusquamperfekt drückt also – ebenso wie das deutsche Plusquamperfekt – die **Vorzeitigkeit zu einer vergangenen Handlung** aus.

Formen

Die Formen des Plusquamperfekts Aktiv setzen sich zusammen aus dem Perfektstamm und der Endung **-eram**, **-erās**, **-erat** …

	timēre		esse	
1. Pers. Sg.	timu-**eram**	ich hatte gefürchtet	fu-eram	ich war gewesen
2. Pers. Sg.	timu-**erās**		fu-erās	
3. Pers. Sg.	timu-**erat**		fu-erat	
1. Pers. Pl.	timu-**erāmus**		fu-erāmus	
2. Pers. Pl.	timu-**erātis**		fu-erātis	
3. Pers. Pl.	timu-**erant**		fu-erant	

§ 75 Genitīvus explicātīvus

nōmen Rōmae   der Name »Rom«

Der Genitiv Rōmae gibt an, welcher Name gemeint ist. Man nennt diesen Genitiv genitīvus explicātīvus (*explicāre*: erklären). Der genitīvus explicātīvus füllt die Satzstelle Attribut. In der Übersetzung steht statt des Genitivs meist der Nominativ.

§ 76 Neutrum Plural des Demonstrativpronomens

Pāstōrēs, quī haec audīverant …   Die Hirten, die diese Dinge/dies gehört hatten …

Ebenso wie beim substantivierten Adjektiv im Neutrum Plural (vgl. Lektion 7, § 39) ist beim substantivierten Demonstrativpronomen im Neutrum Plural eine wörtliche Übersetzung nicht möglich. Am besten setzt du »Dinge« hinzu oder du gibst die Form mit dem Singular wieder.

Lektion 13

§ 77 Substantive der gemischten Deklination

Zur gemischten Deklination gehören die Substantive, welche in allen Kasus die Endungen der konsonantischen Deklination aufweisen, den Genitiv Plural jedoch auf *-ium* bilden.

	urbs f.: Stadt		nāvis f.: Schiff	
	Singular	Plural	Singular	Plural
Nom.	urbs	urb-ēs	nāv-is	nāv-ēs
Gen.	urb-is	urb-**ium**	nāv-is	nāv-**ium**
Dat.	urb-ī	urb-ibus	nāv-ī	nāv-ibus
Akk.	urb-em	urb-ēs	nāv-em	nāv-ēs
Abl.	urb-e	urb-ibus	nāv-e	nāv-ibus

§ 78 Ablātīvus pretiī

Agricolae parvō pretiō agrōs suōs vendere cōguntur.   Die Bauern werden gezwungen, ihre Felder zu einem geringen Preis zu verkaufen.

Der Ablativ *parvō pretiō* antwortet hier auf die Frage »Zu welchem Preis?« und gibt an, wie viel etwas kostet. Dieser Ablativ heißt ablātīvus pretiī.

§ 79 Aktiv – Passiv (genera verbī)

Patriciī agrōs emunt.   Die Patrizier kaufen die Äcker.
Agrī ā patriciīs emuntur.   Die Äcker werden von den Patriziern gekauft.

Man kann ein und dasselbe Ereignis aktivisch (*agere*: tun) oder passivisch (*patī*: dulden) ausdrücken. Der Sachverhalt bleibt der gleiche.[1]

Camilla agrōs colēbat.   Camilla bestellte die Felder.
Agrī ā Camillā colēbantur.   Die Felder wurden von Camilla bestellt.

---

1 Nur bei transitiven Verben, d.h. Verben, die ein Akkusativobjekt haben können, ist ein persönliches Passiv möglich. Intransitive Verben, d.h. Verben, die kein Akkusativobjekt haben können, bilden nur ein unpersönliches Passiv. Beispiel: Pūgnātur: Man kämpft.

§ 80 Formen des Passivs

Präsens

	ā-Konjugation	ē-Konjugation	ī-Konjugation
	vocā-re	terrē-re	audī-re
1. Pers. Sg.	voc-**or**	terre-or	audi-or
2. Pers. Sg.	vocā-**ris**	terrē-ris	audī-ris
3. Pers. Sg.	vocā-**tur**	terrē-tur	audī-tur
1. Pers. Pl.	vocā-**mur**	terrē-mur	audī-mur
2. Pers. Pl.	vocā-**minī**	terrē-minī	audī-minī
3. Pers. Pl.	voca-**ntur**	terre-ntur	audi-u-ntur
Infinitiv	vocā-**rī**	terrē-rī	audī-rī
	gerufen werden	erschreckt werden	gehört werden

voc-or   ich werde gerufen
terre-or ich werde erschreckt
audi-or ich werde gehört

	konsonantische Konjugation	kons. Konjugation mit i-Erweiterung	Endungen
	mittere	capere	
1. Pers. Sg.	mitt-or	capi-or	-(o)r
2. Pers. Sg.	mitt-e-ris	cap-e-ris	-ris
3. Pers. Sg.	mitt-i-tur	capi-tur	-tur
1. Pers. Pl.	mitt-i-mur	capi-mur	-mur
2. Pers. Pl.	mitt-i-minī	capi-minī	-minī
3. Pers. Pl.	mitt-u-ntur	capi-u-ntur	-ntur
Infinitiv	mitt-ī	capī	-rī/-ī
	geschickt werden	gefangen werden	

mittor ich werde geschickt
capior ich werde gefangen

Imperfekt

	ā-Konjugation	ē-Konjugation	ī-Konjugation
	vocā-re	terrē-re	audī-re
1. Pers. Sg.	vocā-**ba-r**	terrē-ba-r	audi-ēba-r
2. Pers. Sg.	vocā-**bā-ris**	terrē-bā-ris	audi-ēbā-ris
	usw.	usw.	usw.

vocābar ich wurde gerufen
terrēbar ich wurde erschreckt
audiēbar ich wurde gehört

	konsonantische Konjugation	kons. Konjugation mit i-Erweiterung
	mittere	capere
1. Pers. Sg.	mitt-ēba-r	capi-ēba-r
2. Pers. Sg.	mitt-ēbā-ris	capi-ēbā-ris
	usw.	usw.

mittēbar ich wurde geschickt
capiēbar ich wurde gefangen

§ 81 Übersetzung des Passivs

Im Lateinischen kommt das Passiv häufiger vor als im Deutschen. Das Deutsche bevorzugt oft das Aktiv. Deshalb ist es manchmal eleganter, das lateinische Passiv nicht mit dem deutschen Passiv zu übersetzen:

A mīlitibus arma capiēbantur.	Die Soldaten griffen zu den Waffen.
Nōs valde terrēbamur.	Wir erschraken heftig.
Bellum fīnīrī debet.	Der Krieg muss ein Ende haben.
Nuntiī mittuntur.	Man schickt Boten.
Bōs nōn venditur.	Das Rind lässt sich nicht verkaufen.

§ 82 Der Infinitiv Passiv im aci

Pecūniam Aulō dēbērī constat. Es steht fest, dass man Aulus Geld schuldet.
Camilla pecūniam Aulō dēbērī Camilla wusste, dass man Aulus Geld schuldete.
sciēbat.

Ebenso wie der Infinitiv Aktiv der Gleichzeitigkeit drückt auch der Infinitiv Passiv der Gleichzeitigkeit ein Zeitverhältnis und keine Zeitstufe aus.

§ 83 ipse, ipsa, ipsum: selbst

pater ipse der Vater selbst; der Vater persönlich; gerade der Vater

	Singular			Plural		
	m.	f.	n.	m.	f.	n.
Nom.	ipse	ipsa	ipsum	ipsī	ipsae	ipsa
Gen.	ipsīus	ipsīus	ipsīus	ipsōrum	ipsārum	ipsōrum
Dat.	ipsī	ipsī	ipsī	ipsīs	ipsīs	ipsīs
Akk.	ipsum	ipsam	ipsum	ipsōs	ipsās	ipsa
Abl.	ipsō	ipsā	ipsō	ipsīs	ipsīs	ipsīs

Lektion 14

§ 84 Perfekt Passiv

	vocāre	terrēre	mittere
1. Pers. Sg.	vocāt**us, a, um sum**	territus, a, um sum	missus, a, um sum
2. Pers. Sg.	vocātus, a, um es	territus, a, um es	missus, a, um es
3. Pers. Sg.	vocātus, a, um est	territus, a, um est	missus, a, um est
1. Pers. Pl.	vocāt**ī, ae, a sumus**	territī, ae, a sumus	missī, ae, a sumus
2. Pers. Pl.	vocātī, ae, a estis	territī, ae, a estis	missī, ae, a estis
3. Pers. Pl.	vocātī, ae, a sunt	territī, ae, a sunt	missī, ae, a sunt
Infinitiv der Vorzeitigkeit	vocāt**um, am, um**[1] **esse** gerufen worden sein	territum, am, um esse erschreckt worden sein	missum, am, um esse geschickt worden sein

vocātus, a, um sum   ich bin gerufen worden, ich wurde gerufen
territus, a, um sum   ich bin erschreckt worden, ich wurde erschreckt
missus, a, um sum   ich bin geschickt worden, ich wurde geschickt

Das Perfekt Passiv besteht aus einer Zweiwortform, nämlich aus dem **Partizip der Vorzeitigkeit**/Partizip Perfekt Passiv, abgekürzt: **PPP** (z.B. *laudātus, laudāta, laudātum; missus, missa, missum*), und den Präsensformen des Hilfsverbs *esse*.

Die regelmäßige Bildung des Partizips der Vorzeitigkeit lautet:

ā-Konjugation:	vocāre	→	vocātus, a, um	gerufen
	amāre	→	amātus, a, um	geliebt
ē-Konjugation:	terrēre	→	territus, a, um	erschreckt
ī-Konjugation:	audīre	→	audītus, a, um	gehört
	mūnīre	→	mūnītus, a, um	befestigt

Bei den Verben der konsonantischen Konjugation gibt es keine regelmäßige Partizipbildung. Die Partizipien dieser Verben werden bei den Stammformen im Vokabelverzeichnis aufgeführt.

Die Endungen des Partizips der Vorzeitigkeit sind die der ā- und o-Deklination. Sie stehen in KNG-Kongruenz zum jeweiligen Subjekt.

---

[1] Akkusativ, weil der Infinitiv der Vorzeitigkeit Passiv meist im aci vorkommt.

§ 85 Plusquamperfekt Passiv

	vocāre	terrēre	mittere
1. Pers. Sg.	vocā**tus, a, um eram**	territus, a, um eram	missus, a, um eram
2. Pers. Sg.	vocātus, a, um erās	territus, a, um erās	missus, a, um erās
3. Pers. Sg.	vocātus, a, um erat	territus, a, um erat	missus, a, um erat
1. Pers. Pl.	vocā**tī, ae, a erāmus**	territī, ae, a erāmus	missī, ae, a erāmus
2. Pers. Pl.	vocātī, ae, a erātis	territī, ae, a erātis	missī, ae, a erātis
3. Pers. Pl.	vocātī, ae, a erant	territī, ae, a erant	missī, ae, a erant

vocātus, a, um eram   ich war gerufen worden
territus, a, um eram   ich war erschreckt worden
missus, a, um eram   ich war geschickt worden

Im Plusquamperfekt Passiv bestehen die Zweiwortformen aus dem Partizip der Vorzeitigkeit und dem Imperfekt von *esse*.

§ 86 Das Partizip der Vorzeitigkeit/Partizip Perfekt Passiv als participium coniūnctum (pc)

Gallī ā Caesare victī   Als/Weil die Gallier von Caesar besiegt worden waren,
Vercingetorīgem dēdidērunt.   lieferten sie Vercingetorix aus.

Das Partizip *victī* nimmt eine Zwitterstellung ein:
1. Es hat ein Beziehungswort, an das es sich in Kasus, Numerus und Genus angleicht (KNG-Kongruenz): *Gallī*.
2. Es bestimmt das Prädikat näher (Wann/Warum lieferten die Gallier Vercingetorix aus?).

Das Partizip füllt daher die Satzstelle Prädikativum (vgl. Lektion 7, § 45) und heißt participium coniūnctum (= verbundenes Partizip). Zusätzliche Angaben zu einem Partizip – hier: *ā Caesare* – stehen meist zwischen Beziehungswort und Partizip (Klammerstellung).

§ 87 Das Partizip als Attribut

Alesia in monte sita ā Rōmānīs   Das auf einem Berg gelegene Alesia/Alesia, das auf
obsessa est.   einem Berg lag, wurde von den Römern belagert.

Manchmal hat das Partizip (*sita*) keine Beziehung zum Prädikat, sondern charakterisiert wie hier nur sein Beziehungswort (*mōns*). Du kannst es als Partizip oder mit einem Relativsatz übersetzen. In diesem Fall ist das Partizip als Attribut gebraucht.

§ 88 Übersetzungsmöglichkeiten des Partizips der Vorzeitigkeit als participium coniūnctum

Gallī ā Caesare victī Vercingetorīgem dēdidērunt.

1. Wörtlich, also mit deutschem Partizip (oft holprig):
   Die Gallier, von Caesar besiegt, lieferten Vercingetorix aus.
2. Subjunktionaler Gliedsatz (ist als erste Übersetzung zu empfehlen):
   Als die Gallier von Caesar besiegt worden waren, lieferten sie Vercingetorix aus.
3. Hauptsatz (oft empfehlenswert, wenn sich das Partizip auf das Subjekt des Satzes bezieht):
   Die Gallier wurden von Caesar besiegt und lieferten (daraufhin) Vercingetorix aus.
4. Präpositionaler Ausdruck (gelingt nicht immer):
   Nach ihrer Niederlage gegen Caesar lieferten die Gallier Vercingetorix aus.

§ 89 Semantische Funktionen des Partizips der Vorzeitigkeit als participium coniūnctum

Bei der Übersetzung des Partizips musst du genau überlegen, in welchem gedanklichen Verhältnis das Partizip zum übergeordneten Prädikat steht, welche semantische Funktion (Sinnrichtung) es hat.

> semantische Funktion = Sinnrichtung

Übersetzungsmöglichkeiten für die verschiedenen Sinnrichtungen:

	temporal	kausal	konzessiv
Gliedsatz	als/nachdem	weil/da	obwohl/obgleich
Hauptsatz	und dann	und deshalb	und trotzdem/dennoch
Präpositionaler Ausdruck	nach	wegen/aufgrund von	trotz

§ 90 Partizip der Vorzeitigkeit: Zeitverhältnis

Das Partizip der Vorzeitigkeit ist, wie der Infinitiv der Vorzeitigkeit (vgl. Lektion 9, § 56), nach dem Zeitverhältnis zum Prädikat, das es ausdrückt, benannt.

Gallī ā Caesare victī Vercingetorīgem dēdidērunt.

Der Sieg Caesars über die Gallier hat vor der Auslieferung des Vercingetorix stattgefunden; *victī* ist also vorzeitig zu *dēdidērunt*.

§ 91 quīdam, quaedam, quoddam[1]: ein gewisser, (irgend)ein
quīdam, quaedam, quiddam[2]: jemand, etwas

(1) Etiam egō quibusdam honōribus affectus sum. — Auch ich wurde mit gewissen/einigen Ehrungen ausgezechnet.

(2) Caesar nunc ā quibusdam in caelum tollitur. — Caesar wird jetzt von machen in den Himmel gehoben.

Das Indefinitpronomen (unbestimmtes Fürwort) *quīdam, quaedam, quoddam/quiddam* ist aus dem Relativpronomen und dem Suffix (Nachsilbe) *-dam* gebildet. Es kann wie in (1) adjektivisch oder wie in (2) substantivisch verwendet werden. Im Plural übersetzt man es meist mit »einige, manche«.

	Singular		
	m.	**f.**	**n.**
Nom.	quīdam	quaedam	quoddam/quiddam
Gen.	cuiusdam	cuiusdam	cuiusdam
Dat.	cuidam	cuidam	cuidam
Akk.	quendam	quandam	quoddam/quiddam
Abl.	quōdam	quādam	quōdam

	Plural		
	m.	**f.**	**n.**
Nom.	quīdam	quaedam	quaedam
Gen.	quōrundam	quārundam	quōrundam
Dat.	quibusdam	quibusdam	quibusdam
Akk.	quōsdam	quāsdam	quaedam
Abl.	quibusdam	quibusdam	quibusdam

§ 92 Substantivierung des Possessivpronomens

Arvernī et aliī Gallī cum nostrīs pūgnābant. — Die Arverner und andere Gallier kämpften mit den Unseren/unseren Soldaten.

Ebenso wie das Adjektiv (vgl. Lektion 7, § 39) und das Demonstrativpronomen (vgl. Lektion 12, § 76) kann auch das Possessivpronomen als Substantiv verwendet werden, z.B.:

nostrī, ōrum m.: die Unseren/unsere Leute/unsere Soldaten
mea, ōrum n.: das Meine/mein Hab und Gut/meine Dinge

---

1 adjektivisch.
2 substantivisch.

Lektion 15

§ 93 Syntaktische Funktion des ablātīvus absolūtus

Oppidō ā Rōmānīs expūgnātō multī Gallī captī sunt.   Nachdem die Stadt von den Römern erobert worden war, wurden viele Gallier gefangen genommen.

Der Wortblock *oppidō ā Rōmānīs expūgnātō* enthält ein Substantiv im Ablativ und ein Partizip in KNG-Kongruenz. Dieser Wortblock ist – wie der aci und das participium coniūnctum – satzwertig. Bei der Übersetzung mit einem Gliedsatz füllt das Substantiv die Satzstelle Subjekt, das Partizip die Satzstelle Prädikat.

Anders als beim participium coniūnctum (= verbundenes Partizip, weil es mit einem anderen Satzglied verbunden ist) hat *oppidō ā Rōmānīs expūgnātō* im Satz kein Beziehungswort. Daher heißt diese Konstruktion ablātīvus absolūtus (abl. abs.)[1], losgelöster Ablativ.

Ein ablātīvus absolūtus kann ebenso wie ein participium coniūnctum erweitert werden (hier durch *ā Rōmānīs*). Auch hier stehen die zusätzlichen Angaben meist zwischen Substantiv und Partizip (Klammerstellung).

§ 94 Übersetzungsmöglichkeiten des ablātīvus absolūtus

Vercingetorīge victō Caesar mīlitēs laudāvit.

1. Subjunktionaler Gliedsatz (ist als erste Übersetzung zu empfehlen):
   Als Vercingetorix besiegt worden war / Nachdem er Vercingetorix besiegt hatte, lobte Caesar seine Soldaten.
   Einen passivischen ablātīvus absolūtus kannst du auch aktivisch übersetzen, wenn, wie hier, das Partizip und das Prädikat dasselbe logische Subjekt (Caesar) haben.

2. Hauptsatz
   Vercingetorix war besiegt worden; Caesar lobte daraufhin seine Soldaten. / Caesar hatte Vercingetorix besiegt und lobte daraufhin seine Soldaten.

3. Präpositionaler Ausdruck (nicht immer möglich):
   Nach seinem Sieg über Vercingetorix lobte Caesar seine Soldaten.

---

[1] Der ablātīvus absolūtus wird auch Ablativ mit Partizip/Ablativ mit Prädikativum (AmP) genannt.

§ 95 Semantische Funktionen (Sinnrichtungen) des ablātīvus absolūtus

Bei der Übersetzung musst du stets bedenken, welche der drei semantischen Funktionen der ablātīvus absolūtus jeweils hat, d.h., in welchem gedanklichen Verhältnis er zum übergeordneten Prädikat steht.

	temporal	kausal	konzessiv
Gliedsatz	als/nachdem	weil/da	obwohl/obgleich
Hauptsatz	und dann	und deshalb	und trotzdem/ dennoch
Präpositionaler Ausdruck	nach	wegen/aufgrund von	trotz

Beispiel:
Oppidō ā Rōmānīs captō multī Gallī interfectī sunt.

a) Nachdem die Stadt von den Römern eingenommen worden war, wurden viele Gallier getötet.
b) Die Stadt war von den Römern eingenommen worden und (daraufhin) wurden viele Gallier getötet.
c) Nach der Einnahme der Stadt durch die Römer wurden viele Gallier getötet.

Der ablātīvus absolūtus beantwortet hier die Frage »Wann geschieht/geschah etwas?« Semantische Funktion: temporal.

§ 96 Partizip der Vorzeitigkeit im ablātīvus absolūtus: Zeitverhältnis

Proeliō commissō mīlitēs ā Caesare honōribus affectī sunt.	Nachdem die Schlacht geschlagen war, wurden die Soldaten von Caesar geehrt.
Proeliō commissō mīlitēs ā Caesare honōribus afficiuntur.	Nachdem die Schlacht geschlagen ist, werden die Soldaten von Caesar geehrt.

Das Partizip der Vorzeitigkeit bezeichnet, wie der Name schon sagt, auch im ablātīvus absolūtus die Vorzeitigkeit (vgl. Lektion 14, § 90).

§ 97 Nominaler ablātīvus absolūtus

Caesare cōnsule	unter Caesars Konsulat
Duce Timarchide impetus servōrum armātōrum fit/factus est.	Unter der Führung des Timarchides kommt/kam es zu einem Angriff bewaffneter Sklaven.

Statt eines Partizips kann in wenigen Verbindungen auch ein Substantiv stehen. Anders als das Partizip der Vorzeitigkeit bezeichnet das Substantiv die Gleichzeitigkeit zum Prädikat.

§ 98 ferre: bringen, tragen; ertragen
ferre, ferō, tulī, lātum

Das unregelmäßige Verb *ferre* weicht im Präsens von den Formen der konsonantischen Konjugation ab, mit der es im Imperfekt übereinstimmt.

Präsens

1. Pers. Sg.	fer-ō	ich trage	fer-o-r	
2. Pers. Sg.	fer-s		fer-ris	
3. Pers. Sg.	fer-t		fer-tur	
1. Pers. Pl.	fer-i-mus		fer-i-mur	
2. Pers. Pl.	fer-tis		fer-i-minī	
3. Pers. Pl.	fer-u-nt		fer-u-ntur	
Infinitiv	fer-re	tragen	fer-rī	getragen werden
Imperative	Sg.: fer! Pl.: ferte!			

Imperfekt

1. Pers. Sg.	ferēbam	ich trug	ferēbar	ich wurde getragen
2. Pers. Sg.	ferēbas		ferēbāris	

Perfekt

1. Pers. Sg.	tulī	ich habe getragen, ich trug	lātus sum	ich bin getragen worden, ich wurde getragen
2. Pers. Sg.	tulistī		lātus es	
3. Pers. Sg.	tulit		lātus est	
1. Pers. Pl.	tulimus		lātī sumus	
2. Pers. Pl.	tulistis		lātī estis	
3. Pers. Pl.	tulērunt		lātī sunt	
Infinitiv	tulisse	getragen haben	lātum, am, um esse	getragen worden sein

Plusquamperfekt

1. Pers. Sg.	tuleram	ich hatte getragen	lātus eram	ich war getragen worden
2. Pers. Sg.	tulerās		lātus erās	

§ 99 Indefinitpronomina

aliquī, aliqua(e), aliquod: irgendein, irgendeine, irgendein

aliquō locō   an irgendeinem Ort

Das adjektivisch verwendete Indefinitpronomen (unbestimmtes Fürwort) *aliquī, aliqua(e), aliquod* hat dieselben Endungen wie das Relativpronomen. Ausnahme: Nom. Sg. f. meist *aliqua*, Nom. und Akk. Pl. n. immer *aliqua*.

	Singular			Plural		
	m.	**f.**	**n.**	**m.**	**f.**	**n.**
Nom.	aliquī	aliqua(e)	aliquod	aliquī	aliquae	aliqua
Gen.	alicuius	alicuius	alicuius	aliquōrum	aliquārum	aliquōrum
Dat.	alicui	alicui	alicui	aliquibus	aliquibus	aliquibus
Akk.	aliquem	aliquam	aliquod	aliquōs	aliquās	aliqua
Abl.	aliquō	aliquā	aliquō	aliquibus	aliquibus	aliquibus

aliquis, aliqua, aliquid: irgendeiner, irgendeine, irgendetwas; jemand, etwas

Aliquis dīcit: Irgendjemand/Jemand sagt:
aliquid facētē dīcere   etwas Witziges sagen

Das substantivisch verwendete *aliquis, aliqua, aliquid* hat außer im Nom. und Akk. Sg. n. dieselben Endungen wie das adjektivisch gebrauchte.

Lektion 16

§ 100 Futur 1 Aktiv und Passiv

Quam diū istam vītam ferētis?	Wie lange werdet ihr dieses Leben ertragen?
Quam diū fame vexābiminī?	Wie lange werdet ihr von Hunger gequält werden?
Egō vōbis cōnsulam.	Ich werde für euch sorgen.

Künftige Handlungen und Ereignisse werden durch das Futur 1 ausgedrückt.

Formen des Futur 1 Aktiv

	ā-Konjugation		ē-Konjugation	
	vocāre		terrēre	
1. Pers. Sg.	vocā-**b**-ō	ich werde rufen	terrē-**b**-ō	ich werde (jemanden) erschrecken
2. Pers. Sg.	vocā-**bi**-s		terrē-**bi**-s	
3. Pers. Sg.	vocā-**bi**-t		terrē-**bi**-t	
1. Pers. Pl.	vocā-**bi**-mus		terrē-**bi**-mus	
2. Pers. Pl.	vocā-**bi**-tis		terrē-**bi**-tis	
3. Pers. Pl.	vocā-**bu**-nt		terrē-**bu**-nt	

Diese Verben bilden das Futur mit dem Tempusmorphem (Morphem = Zeichen) -b- (-i- und -u- sind Bindevokale).

Bei den Verben der ī-Konjugation und der konsonantischen Konjugation (einschließlich der konsonantischen Konjugation mit i-Erweiterung) ist das Futur an dem Tempusmorphem -e- (in der 1. Pers. Sg. -a-) zu erkennen.

	ī-Konjugation		kons. Konjugation	
	audīre		mittere	
1. Pers. Sg.	audi-**a**-m	ich werde hören	mitt-**a**-m	ich werde schicken
2. Pers. Sg.	audi-**ē**-s		mitt-**ē**-s	
3. Pers. Sg.	audi-**e**-t		mitt-**e**-t	
1. Pers. Pl.	audi-**ē**-mus		mitt-**ē**-mus	
2. Pers. Pl.	audi-**ē**-tis		mitt-**ē**-tis	
3. Pers. Pl.	audi-**e**-nt		mitt-**e**-nt	

kons. Konjugation mit i-Erweiterung		
capere		
1. Pers. Sg.	capi-**a**-m	ich werde fangen
2. Pers. Sg.	capi-**ē**-s	
3. Pers. Sg.	capi-**e**-t	
1. Pers. Pl.	capi-**ē**-mus	
2. Pers. Pl.	capi-**ē**-tis	
3. Pers. Pl.	capi-**e**-nt	

-bō, -bis, -bit, -bimus, -bitis, -bunt
-am, -ēs, -et, -ēmus, -ētis, -ent

Sonderformen

	esse		posse		īre		ferre	
1. Pers. Sg.	erō	ich werde sein	poterō	ich werde können	ībō	ich werde gehen	feram	ich werde tragen
2. Pers. Sg.	eris		poteris		ībis		ferēs	
3. Pers. Sg.	erit		poterit		ībit		feret	
1. Pers. Pl.	erimus		poterimus		ībimus		ferēmus	
2. Pers. Pl.	eritis		poteritis		ībitis		ferētis	
3. Pers. Pl.	erunt		poterunt		ībunt		ferent	
ebenso:	adesse → aderō dēesse → dēerō				abīre → abībō redīre → redībō		offerre → offeram referre → referam usw.	

Formen des Futur 1 Passiv

	ā-Konjugation		ē-Konjugation	
	vocāre		terrēre	
1. Pers. Sg.	vocā-**b**-or	ich werde gerufen werden	terrē-**b**-or	ich werde erschreckt werden
2. Pers. Sg.	vocā-**be**-ris		terrē-**be**-ris	
3. Pers. Sg.	vocā-**bi**-tur		terrē-**bi**-tur	
1. Pers. Pl.	vocā-**bi**-mur		terrē-**bi**-mur	
2. Pers. Pl.	vocā-**bi**-minī		terrē-**bi**-minī	
3. Pers. Pl.	vocā-**bu**-ntur		terrē-**bu**-ntur	

	ī-Konjugation	konsonantische Konjugation	konsonantische Konjugation mit i-Erweiterung
	audīre	mittere	capere
1. Pers. Sg.	audi-**a**-r	mitt-**a**-r	capi-**a**-r
2. Pers. Sg.	audi-**ē**-ris	mitt-**ē**-ris	capi-**ē**-ris
3. Pers. Sg.	audi-**ē**-tur	mitt-**ē**-tur	capi-**ē**-tur
1. Pers. Pl.	audi-**ē**-mur	mitt-**ē**-mur	capi-**ē**-mur
2. Pers. Pl.	audi-**ē**-minī	mitt-**ē**-minī	capi-**ē**-minī
3. Pers. Pl.	audi-**e**-ntur	mitt-**e**-ntur	capi-**e**-ntur

-bor, -beris, -bitur, -bimur, - biminī, -buntur
-ar, -ēris, -ētur, -ēmur, -ēminī, -entur

Beachte:
In der 2. Person Singular unterscheiden sich das Präsens und das Futur Passiv nur durch die Länge es -e-:

| mitteris | du wirst geschickt |
| mittēris | du wirst geschickt werden |

§ 101 Infinitiv der Nachzeitigkeit Aktiv/Infinitiv Futur Aktiv

Num liberōs semper miserōs futūrōs (esse) vultis?	Wollt ihr etwa, dass eure Kinder immer unglücklich sein werden?

Bildeweise

Der Infinitiv der Nachzeitigkeit Aktiv besteht aus einer Zweiwortverbindung, dem Partizip der Nachzeitigkeit Aktiv/Partizip Futur Aktiv und *esse*.

Das Partizip der Nachzeitigkeit Aktiv wird vom Stamm des Partizips der Vorzeitigkeit Passiv abgeleitet:

vocāre	vocātus, a, um	vocāt-ūrus, a, um	einer, der rufen wird
terrēre	territus, a, um	territ-ūrus, a, um	einer, der erschrecken wird
audīre	audītus, a, um	audīt-ūrus, a, um	einer, der hören wird
mittere	missus, a, um	miss-ūrus, a, um	einer, der schicken wird
capere	captus, a, um	capt-ūrus, a, um	einer, der fangen wird

Beachte:
1. Das Partizip der Nachzeitigkeit Aktiv von **esse** heißt **futūrus, a, um**, der Infinitiv der Nachzeitigkeit Aktiv also **futūrum, am, um esse**. Als Infinitiv der Nachzeitigkeit Aktiv von esse erscheint häufig auch **fore**.
2. Wie beim Infinitiv der Vorzeitigkeit Passiv steht auch beim Infinitiv der Nachzeitigkeit Aktiv das Partizip in KNG-Kongruenz zu seinem Beziehungswort.
3. Beim Infinitiv der Nachzeitigkeit Aktiv kann esse fehlen. Die Form ist dann aus dem Zusammenhang zu ergänzen.

Zeitverhältnis

Der Infinitiv der Nachzeitigkeit drückt, wie der Name schon sagt, das Zeitverhältnis der Nachzeitigkeit aus, d.h., der durch den Infinitiv der Nachzeitigkeit ausgedrückte Vorgang liegt zeitlich später als die Aussage, die durch das Prädikat des Satzes getroffen wird.

§ 102 Adjektive der i-Deklination

Die Adjektive der i-Deklination haben wie die Substantive der i-Deklination im Ablativ Singular die Endung -ī, im Genitiv Plural -ium und im Nominativ und Akkusativ Plural n. -ia.

Die Adjektive der i-Deklination werden in drei Gruppen eingeteilt:

1. Zu den sogenannten **einendigen Adjektiven** gehören diejenigen, die im Nominativ Singular für alle drei Genera (Genera: Plural von »Genus«) nur eine Endung haben:

   vir fēlīx   ein glücklicher Mann
   mulier fēlīx   eine glückliche Frau
   tempus fēlīx   eine glückliche Zeit

	Singular			Plural		
	m.	f.	n.	m.	f.	n.
Nom.	fēlīx	fēlīx	fēlīx	fēlīc-ēs	fēlīc-ēs	fēlīc-**ia**
Gen.	fēlīc-is	fēlīc-is	fēlīc-is	fēlīc-**ium**	fēlīc-**ium**	fēlīc-**ium**
Dat.	fēlīc-ī	fēlīc-ī	fēlīc-ī	fēlīc-ibus	fēlīc- ibus	fēlīc- ibus
Akk.	fēlīc-em	fēlīc-em	fēlīx	fēlīc-ēs	fēlīc-ēs	fēlīc-**ia**
Abl.	fēlīc-**ī**	fēlīc-**ī**	fēlīc-**ī**	fēlīc-ibus	fēlīc-ibus	fēlīc-ibus

2. Die **zweiendigen Adjektive** haben im Nominativ Singular zwei Endungen, eine gemeinsame für das Maskulinum und Femininum und eine gesonderte für das Neutrum:

   labor difficilis   ein schwierige Arbeit
   rēs difficilis   eine schwierige Sache
   tempus difficile   eine schwierige Zeit

	Singular			Plural		
	m.	f.	n.	m.	f.	n.
Nom.	difficil-is	difficil-is	difficil-e	difficil-ēs	difficil-ēs	difficil-**ia**
Gen.	difficil-is	difficil-is	difficil-is	difficil-**ium**	difficil-**ium**	difficil-**ium**
Dat.	difficil-ī	difficil-ī	difficil-ī	difficil-ibus	difficil-ibus	difficil-ibus
Akk.	difficil-em	difficil-em	difficil-e	difficil-ēs	difficil-ēs	difficil-**ia**
Abl.	difficil-**ī**	difficil-**ī**	difficil-**ī**	difficil-ibus	difficil-ibus	difficil-ibus

3. **Dreiendige Adjektive** haben im Nominativ Singular für jedes Genus eine eigene Form:

dolor ācer — ein heftiger Schmerz
vōx ācris — eine scharfe/durchdringende Stimme
proelium ācre — ein heftiges/erbittertes Gefecht

	Singular			Plural		
	m.	f.	n.	m.	f.	n.
Nom.	ācer	ācr-is	ācr-e	ācr-ēs	ācr-ēs	ācr-**ia**
Gen.	ācr-is	ācr-is	ācr-is	ācr-**ium**	ācr-**ium**	ācr-**ium**
Dat.	ācr-ī	ācr-ī	ācr-ī	ācr-ibus	ācr-ibus	ācr-ibus
Akk.	ācr-em	ācr-em	ācr-e	ācr-ēs	ācr-ēs	ācr-**ia**
Abl.	ācr-ī	ācr-ī	ācr-ī	ācr-ibus	ācr-ibus	ācr-ibus

Lektion 17

§ 103 Aussageformen des Verbs (Modi)

Es gibt drei Aussageformen des Verbs (Modi, Sg. Modus):
1. Indikativ (Wirklichkeitsform): Er geht.
2. Imperativ (Befehlsform): Geh!
3. Konjunktiv (Möglichkeitsform): Er würde gehen/Er ginge. Möge er gehen/Er soll gehen.

§ 104 Semantische Funktion des Konjunktivs im Hauptsatz

(Utinam) magister mē laudet!	Möge der Lehrer mich loben/Hoffentlich lobt mich der Lehrer!
(Utinam) nē nōs vituperet!	Hoffentlich tadelt er uns nicht!

Aussagen über die Welt, wie sie ist, stehen im Indikativ (Wirklichkeitsform). Er ist der Modus der Tatsachen, der Realität. Wünsche und Vorstellungen hingegen werden durch den Konjunktiv ausgedrückt.

Der Konjunktiv Präsens bezeichnet in den beiden Beispielsätzen einen Wunsch, den der Sprecher für erfüllbar hält. Der in dieser Funktion verwendete Konjunktiv heißt **coniūnctīvus optātīvus** (von *optāre*: wünschen).

Wünsche können auch durch ein zusätzliches *utinam* verdeutlicht werden.

Verneinte Wünsche werden durch *nē* eingeleitet.

§ 105 Funktionen des Konjunktivs in ut-/nē-Sätzen

In Gliedsätzen steht der Konjunktiv Präsens zum Ausdruck der Gleichzeitigkeit und/oder der Nachzeitigkeit.

Finale Objektsätze

(1) Cūrā, ut valeās.	Sorge dafür, dass du gesund bleibst/gesund zu bleiben.
(2) Nerō optat, nē Othō Rōmae maneat.	Nero wünscht, dass Otho nicht in Rom bleibt.

Die Subjunktionen *ut/nē* (dass/dass nicht) leiten hier Gliedsätze ein, die einen Wunsch oder ein Begehren bezeichnen. Der Gliedsatz füllt die Satzstelle Objekt: (1) Was soll dir am Herzen liegen?/Wofür sollst du sorgen? (2) Was wünscht Nero?

Die lateinischen Gliedsätze stehen im Konjunktiv, die deutschen meist im Indikativ; des Öfteren (bei gleichem Subjekt in Haupt- und Gliedsatz) ist auch eine Übersetzung mit Infinitiv mit »zu« möglich.

nē nach Verben des Fürchtens und Hinderns

(1) Timeō enim, nē Othōnem laedam. — Ich fürchte nämlich, dass ich Otho verletze/Otho zu verletzen.
(2) Quō modō Nerō prohibet, nē aemulus in urbe sit. — Auf diese Weise verhindert Nero, dass es in der Stadt einen Rivalen gibt.

Wieso man *nē* in beiden Fällen hier mit dass übersetzt, wird klar, wenn du überlegst, welchen Wunsch der Gliedsatz jeweils ausdrückt: (1) Poppaea will Otho nicht verletzen, fürchtet es aber. (2) Es soll keinen Rivalen in der Stadt geben, und dass es einen geben könnte, möchte Nero verhindern.

timēre, nē; timēre, ut

(1) Poppaea timet, nē Othōnem laedat. — Poppaea fürchtet, dass sie Otho verletzt.
(2) Poppaea timet, nē Nerōnī nōn placeat. — Poppaea fürchtet, dass sie Nero nicht gefällt.
(3) Poppaea timet, ut a Nerōne invitētur. — Poppaea fürchtet, dass sie nicht von Nero eingeladen wird.

Beachte:
timēre, nē: fürchten, dass
timēre, nē … nōn: fürchten, dass … nicht
timēre, ut: fürchten, dass nicht

Finale Adverbialsätze

(1) Othō fōrmam uxōris laudat, ut omnibus admīrātiōnī sit. — Otho lobt die Schönheit seiner Frau, damit er von allen bewundert wird/um von allen bewundert zu werden.
(2) Nerō Othōnem prōvinciae Lūsitāniae praeficit, nē aemulus in urbe sit. — Nero stellt Otho an die Spitze der Provinz Lusitanien, damit es in der Stadt keinen Nebenbuhler gibt/um in der Stadt keinen Nebenbuhler zu haben.

Die Subjunktionen *ut/nē* (damit/damit nicht) leiten hier Gliedsätze ein, die einen Zweck oder eine Absicht bezeichnen. Der Gliedsatz füllt die Satzstelle adverbiale Bestimmung: (1) In welcher Absicht lobt Otho die Schönheit seiner Frau? (2) In welcher Absicht stellt Nero Otho an die Spitze der Provinz Lusitanien?

Das Prädikat des *ut*- oder *nē*-Satzes steht im Konjunktiv, der deutsche Finalsatz im Indikativ. Oft (bei gleichem Subjekt in Haupt- und Gliedsatz) ist eine Übersetzung mit Infinitiv mit »um zu« möglich.

§ 106 Formen des Konjunktiv Präsens (Konjunktiv I der Gleichzeitigkeit)

ā-Konjugation: vocāre

	Aktiv	Passiv
1. Pers. Sg.	voce-m	voce-r
2. Pers. Sg.	vocē-s	vocē-ris
3. Pers. Sg.	voce-t	vocē-tur
1. Pers. Pl.	vocē-mus	vocē-mur
2. Pers. Pl.	vocē-tis	vocē-minī
3. Pers. Pl.	voce-nt	voce-ntur

ē-Konjugation: terrēre

	Aktiv	Passiv
1. Pers. Sg.	terre-a-m	terre-a-r
2. Pers. Sg.	terre-ā-s	terre-ā-ris
3. Pers. Sg.	terre-a-t	terre-ā-tur
1. Pers. Pl.	terre-ā-mus	terre-ā-mur
2. Pers. Pl.	terre-ā-tis	terre-ā-minī
3. Pers. Pl.	terre-a-nt	terre-a-ntur

ī-Konjugation: audīre

	Aktiv	Passiv
1. Pers. Sg.	audi-a-m	audi-a-r
2. Pers. Sg.	audi-ā-s	audi-ā-ris
3. Pers. Sg.	audi-a-t	audi-ā-tur
1. Pers. Pl.	audi-ā-mus	audi-ā-mur
2. Pers. Pl.	audi-ā-tis	audi-ā-minī
3. Pers. Pl.	audi-a-nt	audi-a-ntur

konsonantische Konjugation: mittere

	Aktiv	Passiv
1. Pers. Sg.	mitt-a-m	mitt-a-r
2. Pers. Sg.	mitt-ā-s	mitt-ā-ris
3. Pers. Sg.	mitt-a-t	mitt-ā-tur
1. Pers. Pl.	mitt-ā-mus	mitt-ā-mur
2. Pers. Pl.	mitt-ā-tis	mitt-ā-minī
3. Pers. Pl.	mitt-a-nt	mitt-a-ntur

konsonantische Konjugation mit i-Erweiterung: capere

	Aktiv	Passiv
1. Pers. Sg.	capi-a-m	capi-a-r
2. Pers. Sg.	capi-ā-s	capi-ā-ris
3. Pers. Sg.	capi-a-t	capi-ā-tur
1. Pers. Pl.	capi-ā-mus	capi-ā-mur
2. Pers. Pl.	capi-ā-tis	capi-ā-minī
3. Pers. Pl.	capi-a-nt	capi-a-ntur

	esse	posse	īre	ferre	
				Aktiv	Passiv
1. Pers. Sg.	si-m	possi-m	e-a-m	fer-a-m	fer-a-r
2. Pers. Sg.	sī-s	possī-s	e-ā-s	fer-a-s	fer-ā-ris
3. Pers. Sg.	si-t	possi-t	e-a-t	fer-a-t	fer-ā-tur
1. Pers. Pl.	sī-mus	possī-mus	e-ā-mus	fer-ā-mus	fer-ā-mur
2. Pers. Pl.	sī-tis	possī-tis	e-ā-tis	fer-ā-tis	fer-ā-minī
3. Pers. Pl.	si-nt	possi-nt	e-a-nt	fer-a-nt	fer-a-ntur

§ 107 Stilmittel: Ellipse

Sermō cōmis nec absurdum ingenium.

*Ihr Gespräch ist charmant und ihr Talent nicht unbegabt → Sie kann sich charmant unterhalten und ist nicht unbegabt.

Im lateinischen Satz fehlt das Prädikat. Du kannst es jedoch aus dem Zusammenhang leicht ergänzen – in der Regel handelt es sich um eine Form von *esse*. Dieses Stilmittel heißt Ellipse (Auslassung).

§ 108 Stilmittel: Hendiadyoín

Timeō enim, nē Othōnem aut laedam aut offendam.

Ich fürchte nämlich, dass ich Otho verletze oder kränke/dass ich Otho sehr kränke.

Hier wird durch *laedam* und *offendam*, zwei bedeutungsähnliche Begriffe, die inhaltliche Aussage verstärkt. Eines der beiden Verben kannst du im Deutschen auch durch ein Adverb wiedergeben. Dieses Stilmittel heißt Hendiadyoín (Eins durch zwei).

Lektion 18

§ 109 Semantische Funktionen des Konjunktiv Präsens im Hauptsatz

Quid faciam?	Was soll ich tun?
Quid faciāmus?	Was sollen wir tun?

In einer Frage drückt der Konjunktiv Präsens der 1. Person Singular und Plural eine Überlegung oder einen Zweifel aus. In dieser Funktion heißt er **coniūnctīvus dēlīberātīvus** oder **coniūnctīvus dubitātīvus**.

Cūrēmus, ut vīta plēna sit!	Lasst uns dafür sorgen, dass das Leben erfüllt ist!
Nē dēspērēmus!	Lasst uns nicht verzweifeln!

Die 1. Person Plural des Konjunktiv Präsens bezeichnet eine Aufforderung, die an die eigene Gruppe gerichtet ist. Dieser Konjunktiv heißt **coniūnctīvus adhortātīvus**. Verneinte Aufforderungen werden durch *nē* eingeleitet.

Videant hominēs, ut aequō animō abeant.	Die Menschen sollen sich darum bemühen, mit Gleichmut aus dem Leben zu gehen.
Hominēs nē mortem timeant.	Die Menschen sollen den Tod nicht fürchten.

Der Konjunktiv Präsens der 3. Person Singular oder Plural im Hauptsatz steht zum Zeichen einer nachdrücklichen Aufforderung. Der so gebrauchte Konjunktiv heißt **coniūnctīvus iussīvus**. Er wird durch *nē* verneint.

§ 110 Konsekutivsätze

Nēmō tam puer est, ut tenebrās Orcī timeat.	Niemand ist so kindisch, dass er sich vor der Dunkelheit der Unterwelt fürchtet.

Die Subjunktion *ut* (verneint: *ut nōn*), sodass (nicht), leitet einen Gliedsatz ein, der eine Folge bezeichnet. Das Prädikat des *ut*-Satzes steht im Konjunktiv, der deutsche Gliedsatz im Indikativ. Oft wird der Konsekutivsatz (*consecūtiō*: Folge) durch ein »Signalwort« – hier: *tam* – im Hauptsatz vorbereitet.
Ein Konsekutivsatz füllt die Satzstelle adverbiale Bestimmung.

---

ut mit Konjunktiv

dass
damit
so dass

Lektion 19

§ 111 Funktion des Konjunktiv Imperfekt

Sextus tantō gaudiō commōtus est (commovēbātur/commōtus erat), ut cōnsisteret.
Titus hat sich so gefreut (freute sich so/hatte sich so gefreut), dass er stehen blieb.

Patria nōs nōn genuit (gignēbat/ genuerat), ut tantum nostrīs commodīs servīret.
Das Vaterland hat uns nicht hervorgebracht (brachte hervor/hatte hervorgebracht), damit es nur unseren Vorteilen diene.

Pater mē vocāvit (vocābat/ vocāverat), ut domum venīrem.
Der Vater hat mich gerufen (rief/hatte gerufen), damit ich nach Hause komme/käme.

Der Konjunktiv Imperfekt in einem konsekutiven oder finalen Gliedsatz bezeichnet die Gleichzeitigkeit (und/oder Nachzeitigkeit), wenn das Prädikat des übergeordneten Satzes in der Vergangenheit steht. Dabei ist es gleichgültig, um welches Tempus der Vergangenheit es sich handelt (Perfekt, Imperfekt, Plusquamperfekt).

Im Deutschen steht im Konsekutivsatz der Indikativ Imperfekt, im Finalsatz der Indikativ oder Konjunktiv.

§ 112 Formen des Konjunktiv Imperfekt

ā-Konjugation: vocāre

	Aktiv	Passiv
1. Pers. Sg.	vocā-re-m	vocā-re-r
2. Pers. Sg.	vocā-rē-s	vocā-rē-ris
3. Pers. Sg.	vocā-re-t	vocā-rē-tur
1. Pers. Pl.	vocā-rē-mus	vocā-rē-mur
2. Pers. Pl.	vocā-rē-tis	vocā-rē-minī
3. Pers. Pl.	vocā-re-nt	vocā-re-ntur

ē-Konjugation: terrēre

	Aktiv	Passiv
1. Pers. Sg.	terrē-re-m	terrē-re-r
2. Pers. Sg.	terrē-rē-s	terrē-rē-ris
3. Pers. Sg.	terrē-re-t	terrē-rē-tur
1. Pers. Pl.	terrē-rē-mus	terrē-rē-mur
2. Pers. Pl.	terrē-rē-tis	terrē-rē-minī
3. Pers. Pl.	terrē-re-nt	terrē-re-ntur

ī-Konjugation: audīre

	Aktiv	Passiv
1. Pers. Sg.	audī-re-m	audī-re-r
2. Pers. Sg.	audī-rē-s	audī-rē-ris
3. Pers. Sg.	audī-re-t	audī-rē-tur
1. Pers. Pl.	audī-rē-mus	audī-rē-mur
2. Pers. Pl.	audī-rē-tis	audī-rē-minī
3. Pers. Pl.	audī-re-nt	audī-re-ntur

konsonantische Konjugation: mittere

	Aktiv	Passiv
1. Pers. Sg.	mitte-re-m	mitte-re-r
2. Pers. Sg.	mitte-rē-s	mitte-rē-ris
3. Pers. Sg.	mitte-re-t	mitte-rē-tur
1. Pers. Pl.	mitte-rē-mus	mitte-rē-mur
2. Pers. Pl.	mitte-rē-tis	mitte-rē-minī
3. Pers. Pl.	mitte-re-nt	mitte-re-ntur

konsonantische Konjugation mit i-Erweiterung: capere

	Aktiv	Passiv
1. Pers. Sg.	cape-re-m	cape-re-r
2. Pers. Sg.	cape-rē-s	capc-rē-ris
3. Pers. Sg.	cape-re-t	cape-rē-tur
1. Pers. Pl.	cape-rē-mus	cape-rē-mur
2. Pers. Pl.	cape-rē-tis	cape-rē-minī
3. Pers. Pl.	cape-re-nt	cape-re-ntur

Sonderformen:

esse	essem, essēs, esset, essēmus, essētis, essent
posse	possem, possēs, posset, possēmus, possētis, possent
īre	īrem, īrēs, īret, īrēmus, īrētis, īrent
ferre	ferrem, ferrēs, ferret, ferrēmus, ferrētis, ferrent

Kennzeichen des Konjunktiv Imperfekt (Konjunktiv II der Gleichzeitigkeit): -re-

§ 113 Die Subjunktion cum mit Konjunktiv

Titus, cum in viīs ambulāret, amīcum vīdit.	Als Titus in den Straßen spazieren ging, sah er einen Freund.
Cum labōrāre dēbeam, ōtium mihi nōn est.	Weil ich arbeiten muss, habe ich keine Zeit.
Cum mē labōrāre dēbēre sciās, mē retinēre studēs.	Obwohl du weißt, dass ich arbeiten muss, versuchst du mich festzuhalten.

> cum narrātīvum: als, nachdem
> cum causāle: weil
> cum concessīvum: obwohl

§ 114 Die Subjunktion cum mit Indikativ

Cūnctī servī, cum dominum vident, maximē sēdulī sunt.	Als sie ihren Herrn sehen, sind alle Sklaven besonders fleißig. (Immer) Wenn sie ihren Herrn sehen, sind alle Sklaven besonders fleißig.
Troiānī dē equō cōnsulēbant, cum Cassandra postulāvit: »Equum in mare iacite!«	Die Trojaner berieten sich wegen des Pferdes, als Kassandra (plötzlich) forderte: »Werft das Pferd ins Meer!«

cum: als	temporāle	Dieses cum bestimmt den genauen Zeitpunkt.
cum: (immer) wenn	cum iterātīvum	Durch dieses cum werden wiederholte Vorgänge angezeigt (iterāre: wiederholen)
cum: als (plötzlich)	cum inversum	Das wichtigere Ereignis steht im Gliedsatz, die Gewichtung von Haupt- und Nebensatz ist also »umgedreht« (invertiert).

> Bei *cum* musst du immer prüfen, ob es als Subjunktion einen Gliedsatz einleitet oder in Verbindung mit dem Ablativ als Präposition (z.B.: *cum amīcō*: mit dem Freund) gebraucht ist.

§ 115 Genitīvus possessīvus bei esse

Sapientis est aequō animō mortem obīre.   Es ist Kennzeichen eines Weisen, mit Gleichmut aus dem Leben zu gehen.

Als Ergänzung zu *est* steht der genitīvus possessīvus (vgl. Lektion 4, § 21, 2) in übertragener Bedeutung im Sinne von »es ist jemandes Sache/Aufgabe/Pflicht« o. Ä.

Lektion 20

§ 116 Funktion des Konjunktiv Plusquamperfekt

Tōnsor, cum tempestātem bonam esse vīdisset, sellam suam in locō pūblicō posuit.	Weil er gesehen hatte, dass das Wetter schön war, stellte ein Friseur seinen Stuhl auf einen öffentlichen Platz.
Iuvenēs, cum in iūs vocātī essent, dē morte servī accūsātī sunt.	Nachdem die jungen Männer vor Gericht gebracht worden waren, wurden sie wegen des Todes des Sklaven angeklagt.

Nach einem Vergangenheitstempus im Hauptsatz steht im konjunktivischen Gliedsatz der Konjunktiv Plusquamperfekt zum **Ausdruck der Vorzeitigkeit**.

§ 117 Formen des Konjunktiv Plusquamperfekt

ā-Konjugation: vocāre

	Aktiv	Passiv
1. Pers. Sg.	vocāv-**isse**-m	vocā**tus, a, um essem**
2. Pers. Sg.	vocāv-**issē**-s	vocātus, a, um essēs
3. Pers. Sg.	vocāv-**isse**-t	vocātus, a, um esset
1. Pers. Pl.	vocāv-**issē**-mus	vocā**tī, ae, a essēmus**
2. Pers. Pl.	vocāv-**issē**-tis	vocātī, ae, a essētis
3. Pers. Pl.	vocāv-**isse**-nt	vocātī, ae, a essent

ē-Konjugation: terrēre

	Aktiv	Passiv
1. Pers. Sg.	terru-**isse**-m	terri**tus, a, um essem**
2. Pers. Sg.	terru-**issē**-s	territus, a, um essēs
3. Pers. Sg.	terru-**isse**-t	territus, a, um esset
1. Pers. Pl.	terru-**issē**-mus	terri**tī, ae, a essēmus**
2. Pers. Pl.	terru-**issē**-tis	territī, ae, a essētis
3. Pers. Pl.	terru-**isse**-nt	territī, ae, a essent

ī-Konjugation: audīre

	Aktiv	Passiv
1. Pers. Sg.	audīv-**isse**-m	audī**tus, a, um essem**
2. Pers. Sg.	audīv-**issē**-s	audītus, a, um essēs
3. Pers. Sg.	audīv-**isse**-t	audītus, a, um esset
1. Pers. Pl.	audīv-**issē**-mus	audī**tī, ae, a essēmus**
2. Pers. Pl.	audīv-**issē**-tis	audītī, ae, a essētis
3. Pers. Pl.	audīv-**isse**-nt	audītī, ae, a essent

konsonantische Konjugation: mittere

	Aktiv	Passiv
1. Pers. Sg.	mīs-**isse**-m	miss**us, a, um essem**
2. Pers. Sg.	mīs-**issē**-s	missus, a, um essēs
3. Pers. Sg.	mīs-**isse**-t	missus, a, um esset
1. Pers. Pl.	mīs-**issē**-mus	miss**ī, ae, a essēmus**
2. Pers. Pl.	mīs-**issē**-tis	missī, ae, a essētis
3. Pers. Pl.	mīs-**isse**-nt	missī, ae, a essent

konsonantische Konjugation mit i-Erweiterung: capere

	Aktiv	Passiv
1. Pers. Sg.	cēp-**isse**-m	capt**us, a, um essem**
2. Pers. Sg.	cēp-**issē**-s	captus, a, um essēs
3. Pers. Sg.	cēp-**isse**-t	captus, a, um esset
1. Pers. Pl.	cēp-**issē**-mus	capt**ī, ae, a essēmus**
2. Pers. Pl.	cēp-**issē**-tis	captī, ae, a essētis
3. Pers. Pl.	cēp-**isse**-nt	captī, ae, a essent

Bildeweise des Konjunktiv Plusquamperfekt Aktiv:
Perfektstamm + -issem, -issēs, -isset, -issēmus, -issētis, -issent

Bildeweise des Konjunktiv Plusquamperfekt Passiv:
Partizip Perfekt Passiv + Konjunktiv Imperfekt von esse

§ 118 Der Konjunktiv Plusquamperfekt als Irrealis der Vergangenheit

Nisī dominus dominaque mē tam diū retinuissent, libenter prius domō exīssem.   Wenn der Herr und die Herrin mich nicht so lange festgehalten hätten, hätte ich das Haus gerne früher verlassen.

Hier wird etwas mitgeteilt, was hätte sein können, aber nicht eingetreten, d.h. irreal ist: Denn in Wirklichkeit ist der Sklave von seinen Herren festgehalten worden und konnte daher das Haus nicht früher verlassen. Weder die gedachte Bedingung (»wenn x gewesen wäre«) noch die gedachte Schlussfolgerung (»dann wäre y eingetreten«) decken sich also mit dem, was in der Vergangenheit tatsächlich passiert ist.

In solchen Fällen steht im Lateinischen ebenso wie im Deutschen der Konjunktiv Plusquamperfekt als Irrealis der Vergangenheit.

§ 119 Der Konjunktiv Imperfekt als Irrealis der Gegenwart

Sī nōn tam procāx essēs, certē melius tractārēris.   Wenn du nicht so frech wärst, würdest du sicherlich besser behandelt.

Auch hier wird etwas mitgeteilt, was denkbar wäre, aber nicht der Wirklichkeit entspricht, d.h. irreal ist. Anders als im Beispielsatz § 118 bezieht sich die Aussage hier jedoch nicht auf die Vergangenheit, sondern auf die Gegenwart des Sprechers. Dieser Fall heißt daher Irrealis der Gegenwart. Sowohl im Deutschen wie im Lateinischen steht der Konjunktiv Imperfekt.

§ 120 Irrealis: Mischformen

Sī Paridem prius cōnvēnisset, Helena nunc Trōiae vīveret.   Wenn sie Paris früher getroffen hätte, würde Helena jetzt in Troja leben.

Wie dir der Beispielsatz zeigt, können der Irrealis der Vergangenheit und Gegenwart auch innerhalb eines Satzgefüges stehen. Wenn Helena Paris früher getroffen hätte (sie hat ihn aber nicht früher getroffen: Irrealis der Vergangenheit), würde sie jetzt in Troja leben (das tut sie jedoch nicht: Irrealis der Gegenwart).

§ 121 īdem, eadem, idem: derselbe, dieselbe, dasselbe

Das Demonstrativpronomen *īdem, eadem, idem* ist eine Zusammensetzung aus *is, ea, id* und der Partikel *-dem*:

	Singular			Plural		
	m.	**f.**	**n.**	**m.**	**f.**	**n.**
Nom.	īdem	eadem	idem	īdem (iīdem)	eaedem	eadem
Gen.	eiusdem	eiusdem	eiusdem	eōrundem	eārundem	eōrundem
Dat.	eidem	eidem	eidem	eīsdem (iīs-, īsdem)	eīsdem (iīs-, īsdem)	eīsdem (iīs-, īsdem)
Akk.	eundem	eandem	idem	eōsdem	eāsdem	eadem
Abl.	eōdem	eādem	eōdem	eīsdem	eīsdem	eīsdem

Lektion 21

§ 122 Indirekte Fragesätze

(1a)	Quantō in perīculō rēs pūblica est?	In wie großer Gefahr befindet sich der Staat?
(1b)	Titus īgnōrat, quantō in perīculō rēs pūblica sit.	Titus weiß nicht, in wie großer Gefahr sich der Staat befindet.
(2a)	Quid cēnseō?	Was meine ich?
(2b)	Tum ei, quid egō cēnsērem, dīxī.	Dann habe ich ihm gesagt, was ich meine.
(3a)	Mēcumne hortōs adīs?	Gehst du mit mir in die Gärten/in den Park?
(3b)	Tum quaesīvit, num cum eō hortōs adīrem.	Dann hat er gefragt, ob ich mit ihm in die Gärten/in den Park ginge.
(4a)	Cūr ipse ad rem pūblicam nōn accessit?	Warum hat er sich nicht selbst politisch betätigt?
(4b)	Tum mihi explicāvit, cūr ipse ad rem pūblicam nōn accessisset.	Dann hat er mir erklärt, warum er sich nicht selbst politisch betätigt habe.

Während in den Beispielen 1a-4a die Fragen direkt an einen Adressaten gestellt werden und selbstständige (Haupt-)Sätze darstellen, sind die Fragesätze in 1b-4b zu Gliedsätzen geworden. Sie füllen die Satzstelle Objekt.

Die Fragen 1b-4b richten sich an kein unmittelbares Gegenüber, sondern werden durch ein Verb des Fragens oder Sagens eingeleitet, d.h., sie sind von einem übergeordneten Prädikat abhängig. Daher heißen diese Sätze abhängige bzw. indirekte Fragesätze.

Wie die direkten Fragen werden auch die indirekten entweder durch ein Interrogativpronomen (z.B. *cūr*) oder eine Fragepartikel (z.B. *num*[1] oder *-ne* in der Bedeutung *ob*) eingeleitet. Im Lateinischen stehen die indirekten Fragesätze immer im Konjunktiv.

Bei den lateinischen indirekten Fragesätzen musst du wie bei den anderen konjunktivischen Gliedsätzen die Zeitenfolge beachten:

einleitendes Prädikat im übergeordneten Satz	indirekter Fragesatz	
	gleichzeitig	vorzeitig
Präsens, Futur	Konjunktiv Präsens	Konjunktiv Perfekt, vgl. Lektion 26, §§ 152/153
Vergangenheitstempus (Perfekt, Imperfekt, Plusquamperfekt)	Konjunktiv Imperfekt	Konjunktiv Plusquamperfekt

---

1 Anders als bei den direkten Fragen ist *num* als Einleitung einer indirekten Frage neutral, d.h., es bleibt offen, ob eine positive oder negative Antwort erwartet wird.

§ 123 Ablātīvus quālitātis

Gēntēs, quae sub septentriōnibus vīvunt, māgnīs corporibus sunt.   Völker, die im Norden wohnen, *sind von großen Körpern/haben große Körper/sind groß gewachsen.

Dieser Ablativ gibt die Eigenschaft oder Beschaffenheit an und steht hier als Prädikatsnomen zu *sunt*. Er heißt ablātīvus quālitātis (*quālitās*: Beschaffenheit).

Lektion 22

§ 124 Deponentien

Prōdest interdum aquīs frīgidīs ūtī.   Es ist nützlich, bisweilen kaltes Wasser zu verwenden.

Manche Verben haben passive Formen, werden aber aktivisch übersetzt. Sie heißen, da sie ihre aktiven Formen gleichsam abgelegt haben, Deponentien (Singular: Deponens).

Deponentien gibt es in allen Konjugationen, z.B.:

ā- Konjugation:	vēnārī, vēnor, vēnātus sum	jagen
ē-Konjugation:	verērī, vereor, veritus sum	fürchten
konsonantische Konjugation:	ūtī, ūtor, ūsus sum	gebrauchen, verwenden

Beachte:
1. Die Imperative lauten:

Imperativ Singular		Imperativ Plural	
vēnā-re	jage!	vēnā-minī	jagt!
verē-re	fürchte!	verē-minī	fürchtet!
ūt-e-re	gebrauche!	ūt-i-minī	gebraucht!

2. Die Deponentien bilden ein aktives Partizip der Gleichzeitigkeit (vgl. §§ 126–131):

vēnāns, vēnantis	jagend
verēns, verentis	fürchtend
ūtēns, ūtentis	gebrauchend

3. Sie bilden ebenfalls ein aktives Partizip der Nachzeitigkeit und einen aktiven Infinitiv der Nachzeitigkeit:

vēnātūrus vēnātūrum esse	einer, der jagen wird
veritūrus veritūrum esse	einer, der fürchten wird
ūsūrus ūsūrum esse	einer, der gebrauchen wird

§ 125 Semideponentien (= Halbdeponentien)

Einige lateinische Verben haben im Präsens, Imperfekt und Futur 1 aktive Formen mit aktiver Bedeutung. Im Perfekt und Plusquamperfekt haben sie jedoch wie die Deponentien passive Formen mit aktiver Bedeutung.

solēre, soleō, solitus sum — pflegen (etwas zu tun), gewohnt sein
gaudēre, gaudeō, gāvīsus sum — sich freuen

§ 126 Das Partizip der Gleichzeitigkeit (Partizip Präsens Aktiv) als Attribut

caput dolēns — der schmerzende Kopf; der Kopf, der wehtut

Dolēns ist ein Partizip der Gleichzeitigkeit (Partizip Präsens Aktiv, abgekürzt PPA); es bestimmt hier das Substantiv *caput* näher, ist also attributiv verwendet. Es steht in KNG-Kongruenz zu seinem Beziehungswort.

Übersetzungsmöglichkeiten:
1. Wörtlich: schmerzend
2. Relativsatz: der schmerzt/wehtut

Vgl. auch die Übersetzung des Partizips der Vorzeitigkeit als Attribut, Lektion 14, § 87.

§ 127 Das Partizip der Gleichzeitigkeit als participium coniūnctum (pc)

Ēbrietās mentem perturbāns voluntāria īnsānia est. — Weil die Trunkenheit den Sinn völlig verwirrt, ist sie freiwilliger Wahnsinn.

Das Partizip der Gleichzeitigkeit *perturbāns* nimmt hier eine Zwitterstellung ein:
– Es hat ein Beziehungswort. Hier ist es das Subjekt *ēbrietās*.
– Es bestimmt das Prädikat näher (Wieso ist die Trunkenheit freiwilliger Wahnsinn?). Das Partizip füllt daher die Satzstelle Prädikativum und ist participium coniūnctum (= verbundenes Partizip, vgl. Lektion 14, § 86).

§ 128 Übersetzungsmöglichkeiten des Partizips der Gleichzeitigkeit als participium coniūnctum

Im Gegensatz zum Partizip der Vorzeitigkeit ist das Partizip der Gleichzeitigkeit erstens aktivisch und drückt zweitens, wie der Name schon sagt, die Gleichzeitigkeit aus. Die Übersetzungsmöglichkeiten sind grundsätzlich dieselben wie beim Partizip der Vorzeitigkeit (vgl. Lektion 14, § 88):

1. Wörtlich, also mit deutschem Partizip (oft holprig):
   Die Trunksucht, den Sinn völlig verwirrend, ist freiwilliger Wahnsinn.
2. Subjunktionaler Gliedsatz (ist als erste Übersetzung zu empfehlen):
   Weil die Trunksucht den Sinn völlig verwirrt, ist sie freiwilliger Wahnsinn.
3. Hauptsatz (ist zu empfehlen, wenn sich das Partizip auf das Subjekt des Satzes bezieht):
   Die Trunksucht verwirrt völlig den Sinn und ist daher freiwilliger Wahnsinn.
4. Präpositionaler Ausdruck (gelingt nicht immer):
   *Durch die Verwirrung des Sinns ist die Trunksucht freiwilliger Wahnsinn.

§ 129 Semantische Funktionen (Sinnrichtungen) des Partizips der Gleichzeitigkeit als participium coniūnctum

Das Partizip der Gleichzeitigkeit kann dieselben semantischen Funktionen haben wie das Partizip der Vorzeitigkeit:

Seneca praecepta philosophiae explicāns scrīpsit:	Als Seneca die Lehren der Philosophie erklärte, schrieb er:

Semantische Funktion: **temporal**

Labor corpus firmāns longam adulēscentiam reddit.	Weil Anstrengung den Körper kräftigt, führt sie zu langer Jugend.

Semantische Funktion: **kausal**

Titus medicī lēgēs sequēns saepe aegrōtat.	Obwohl Titus die Anweisungen des Arztes befolgt, ist er oft krank.

Semantische Funktion: **konzessiv**

Zusätzlich ist folgende semantische Funktion möglich:

Ēbrietās omne vitium aperiēns verēcundiam tollit.	Indem die Trunkenheit jedes Laster an den Tag bringt, beseitigt sie das Schamgefühl.

Hier antwortet *ēbrietās omne vitium aperiēns* auf die Frage »Auf welche Weise beseitigt die Trunkenheit das Schamgefühl?«
Semantische Funktion: **modal**

§ 130 Das Partizip der Gleichzeitigkeit im ablātīvus absolūtus

Ēbrietāte omne vitium incendente Indem die Trunkenheit jedes Laster anreizt, wird das
verēcundia tollitur.   Schamgefühl aufgehoben.

Ein Partizip der Gleichzeitigkeit kann ebenso wie ein Partizip der Vorzeitigkeit Bestandteil eines ablātīvus absolūtus sein. Die Übersetzungsmöglichkeiten und semantischen Funktionen sind dieselben wie beim ablātīvus absolūtus mit Partizip der Vorzeitigkeit (vgl. Lektion 15, §§ 94–95). Du musst aber daran denken, dass das Partizip der Gleichzeitigkeit aktivisch ist und, wie der Name sagt, die Gleichzeitigkeit bezeichnet.

§ 131 Bildung und Deklination des Partizips der Gleichzeitigkeit

Das Partizip der Gleichzeitigkeit hat im Nominativ Singular das Kennzeichen -*ns*, in allen anderen Kasus -*nt*-. Es wird nach der gemischten Deklination dekliniert (vgl. Lektion 13, § 77); Maskulinum und Femininum haben dieselben Formen.

ā-Konjugation: vocāre

	Singular		Plural	
	m./f.	n.	m./f.	n.
Nom.	vocāns	vocāns	vocantēs	vocantia
Gen.	vocantis	vocantis	vocantium	vocantium
Dat.	vocantī	vocantī	vocantibus	vocantibus
Akk.	vocantem	vocāns	vocantēs	vocantia
Abl.	vocante	vocante	vocantibus	vocantibus

Ebenso wird das Partizip der Gleichzeitigkeit der anderen Deklinationen dekliniert:

ē-Konjugation	(terrēre):	terrēns, terrentis …
ī-Konjugation	(audīre):	audiēns, audientis …
konsonantische Konjugation	(mittere):	mittēns, mittentis …
konsonantische Konjugation mit i-Erweiterung	(capere):	capiēns, capientis …

§ 132 prōdesse: nützen

Prōdesse (nützen) hat dieselben Formen wie *esse*. Vor den mit dem Vokal *e* beginnenden Formen von *esse* heißt die Vorsilbe (das Präfix) des Verbs *prōd-*, vor den mit einem Konsonanten beginnenden Formen *prō-*.

	Indikativ	Konjunktiv
Präsens	prō-sum	prō-sim
	prōd-es	prō-sīs
	prōd-est	prō-sit
	prō-sumus	prō-sīmus
	prōd-estis	prō-sītis
	prō-sunt	prō-sint

	Indikativ	Konjunktiv
Imperfekt	prōd-eram	prōd-essem
	prōd-erās	prōd-essēs
	prōd-erat	prōd-esset
	prōd-erāmus	prōd-essēmus
	prōd-erātis	prōd-essētis
	prōd-erant	prōd-essent

Futur 1	prōd-erō
	prōd-eris
	prōd-erit
	prōd-erimus
	prōd-eritis
	prōd-erunt
Imperativ	prōd-es
	prōd-este
Perfekt	prō-fuī
	prō-fuistī
	(usw.)

	Indikativ	Konjunktiv
Plusquamperfekt	prō-fueram	prō-fuissem
	prō-fuerās	prō-fuissēs
	(usw.)	(usw.)

Lektion 23

§ 133 Steigerung/Komparation des Adjektivs: Formen

Die meisten Adjektive haben drei Steigerungsstufen:

1. Positiv (Grundstufe)   firmus, a, um   sicher
2. Komparativ (1. Steigerungsstufe) firmior, ius   sicherer
3. Superlativ (2. Steigerungsstufe) firmissimus, a, um   der Sicherste/am sichersten

Komparativ

Den Komparativ regelmäßiger lateinischer Adjektive erkennst du an den Suffixen **-ior** (Nominativ Singular m. und f.) bzw. **-ius** (Nominativ Singular n.); sie werden an den Wortstamm angehängt:

firmus, a, um	→ firm-**ior, -ius**	sicherer
miser, a, um	→ miser-ior, -ius	unglücklicher
sapiēns, sapientis	→ sapient-ior, -ius	weiser
fidēlis, e	→ fidēl-ior, -ius	zuverlässiger
ācer, ācris, ācre	→ ācr-ior, -ius	schärfer, heftiger

Der Komparativ wird nach der konsonantischen Deklination flektiert (vgl. Lektion 6, § 37).

Superlativ

Den Superlativ erkennt man an der Endung **-issimus, -a, -um,** die ebenfalls an den Wortstamm angehängt wird:

firmus, a, um	→ firm-**issimus, a, um**	der Sicherste
sapiēns, sapientis	→ sapient-issimus, a, um	der Weiseste
fidēlis, e	→ fidēl-issimus, a, um	der Zuverlässigste

Adjektive auf -er bilden den Superlativ auf **-rimus**:

miser, a, um	→ miser-**rimus, a, um**	der Unglücklichste
ācer, ācris, ācre	→ ācer-rimus, a, um	der Schärfste, Heftigste

Facilis und difficilis bilden den Superlativ auf **-limus**:

facilis, e	→ facil-**limus, a, um**	der Leichteste
difficilis, e	→ difficil-limus, a, um	der Schwierigste

§ 134 Unregelmäßige Steigerung/Komparation

Einige Adjektive haben unregelmäßige Steigerungsformen:

Positiv		Komparativ		Superlativ	
māgnus	groß	māior, ius	größer	maximus	der Größte
parvus	klein	minor, minus	kleiner	minimus	der Kleinste
bonus	gut	melior, ius	besser	optimus	der Beste
malus	schlecht	pēior, ius	schlechter	pessimus	der Schlechteste
multus	viel	plūs, plūris	mehr	plūrimus	der Meiste

§ 135 Verwendung und Übersetzungsmöglichkeiten der Steigerungsstufen

1. Komparativ

Quis enim benīgnior est quam tū?	Wer nämlich ist freundlicher als du?
Nihil melius est quam tranquillitās animī.	Nichts ist besser als die Seelenruhe.

Der Komparativ dient dazu, zwei Personen oder Dinge miteinander zu vergleichen. Das Verglichene wird hier mit *quam* (als) angeschlossen.

Cavē autem, nē sevērior fīās.	Hüte dich aber davor, zu streng zu werden.

Manchmal gibt der Komparativ auch an, dass eine Eigenschaft in zu hohem Maße vorhanden ist (»zu …«).

2. Superlativ

Helena pulcherrima omnium mulierum erat.	Helena war die schönste aller Frauen.
Miserrima est vīta, quae amīcis caret.	Am unglücklichsten ist das Leben, das ohne Freunde ist.

Der Superlativ dient dazu, mehrere Personen oder Dinge zu vergleichen.

3. Elativ

Nihil aliud invēnī quam superstitiōnem stultissimam.	Ich habe nur einen sehr/besonders dummen Aberglauben gefunden.

Manchmal bezeichnet der Superlativ nicht die Höchststufe, sondern nur die sehr hohe Stufe einer Eigenschaft (»sehr/besonders … «). In diesem Fall heißt er Elativ.

4. quam + Superlativ: möglichst + Positiv

Pertinācia quam sevērissimē dēbet pūnīrī.   (Der) Starrsinn muss möglichst streng bestraft werden.

§ 136 Syntaktische Funktion des Adverbs

Plīnius Chrīstiānōs sevērē tractat.   Plinius behandelt die Christen streng.
Plīnius eōs iterum interrogat.   Plinius verhört sie ein zweites Mal.

In unseren Beispielen erläutern die Wörter *sevērē* und *iterum* als Adverbien das Prädikat. Sie füllen die Satzstelle adverbiale Bestimmung.

§ 137 Bildung des Adverbs aus dem Adjektiv

Adjektive der ā- und o-Deklination bilden das Adverb auf **-ē**:

| firmus, a, um | → | firm**ē** | sicher, auf sichere Weise |
| miser, a, um | → | miser**ē** | elend, auf elende Weise |

aber: bonus, a, um → bene: gut

Adjektive der i-Deklination bilden das Adverb auf **-iter/er**:

| fortis, e | → | fort**iter** | tapfer |
| sapiēns, sapientis | → | sapient**er** | weise |

§ 138 Steigerung/Komparation des Adverbs

Auch Adverbien können gesteigert werden:

certē – certius – certissimē   sicher – mit größerer Sicherheit – am sichersten
fortiter – fortius – fortissimē   tapfer – tapferer – am tapfersten
bene – melius – optimē   gut – besser – am besten

Der Komparativ des Adverbs hat dieselbe Endung wie der Komparativ des Adjektivs im Nominativ und Akkusativ Singular n.
  Der Superlativ des Adverbs hat dieselbe Endung wie das Adverb der Adjektive der ā- und o-Deklination.

§ 139 Ablātīvus comparātiōnis

Quis enim sapientior est tē?   Wer nämlich ist weiser als du?

Innerhalb eines Vergleichs kann anstelle von *quam* + Nominativ/Akkusativ auch ein bloßer Ablativ stehen. Dieser Ablativ heißt ablātīvus comparātiōnis (Ablativ des Vergleichs). Er füllt die Satzstelle adverbiale Bestimmung.

§ 140 fierī: werden, geschehen, gemacht werden

Indikativ				
Präsens	1. Pers. Sg.	fīō	ich werde / ich werde gemacht	
	2. Pers. Sg.	fīs		
	3. Pers. Sg.	fit		
	1. Pers. Pl.	fīmus		
	2. Pers. Pl.	fītis		
	3. Pers. Pl.	fiunt		
Imperfekt	1. Pers. Sg.	fīēbam	ich wurde, ich wurde gemacht	
	2. Pers. Sg.	fīēbās		
Futur 1	1. Pers. Sg.	fīam	ich werde werden, ich werde gemacht werden	
	2. Pers. Sg.	fīēs		
Perfekt	1. Pers. Sg.	factus sum	ich bin geworden, ich bin gemacht worden	
Plusquamperfekt	1. Pers. Sg.	factus eram	ich war geworden, ich war gemacht worden	
Konjunktiv				
Präsens	1. Pers. Sg.	fīam		
	2. Pers. Sg.	fīās		
	3. Pers. Sg.	fīat		
	1. Pers. Pl.	fīāmus		
	2. Pers. Pl.	fīātis		
	3. Pers. Pl.	fīant		
Imperfekt	1. Pers. Sg.	fierem		
	2. Pers. Sg.	fierēs		
Plusquamperfekt	1. Pers. Sg.	factus essem		
Infinitive				
der Gleichzeitigkeit	fierī	werden, geschehen, gemacht werden		
der Vorzeitigkeit	factum, am, um esse	geworden sein, geschehen sein, gemacht worden sein		

Lektion 24

§ 141 velle: wollen; nōlle: nicht wollen; mālle: lieber wollen

velle nōlle (aus: nōn velle) mālle (aus: magis velle; magis: mehr; lieber)
volō   nōlō   mālō
voluī nōluī   māluī

Indikativ					
Präsens	1. Pers. Sg.	volō	nōlō	mālō
	2. Pers. Sg.	vīs	nōn vīs	māvīs
	3. Pers. Sg.	vult	nōn vult	māvult
	1. Pers. Pl.	volumus	nōlumus	mālumus
	2. Pers. Pl.	vultis	nōn vultis	māvultis
	3. Pers. Pl.	volunt	nōlunt	mālunt
Imperfekt	1. Pers. Sg.	volēbam	nōlēbam	mālēbam
	2. Pers. Sg.	volēbās	nōlēbās	mālēbās
		...	...	...
Perfekt	1. Pers. Sg.	voluī	nōluī	māluī
	2. Pers. Sg.	voluistī	nōluistī	māluistī
		...	...	...
Plusquamperfekt	1. Pers. Sg.	volueram	nōlueram	mālueram
	2. Pers. Sg.	voluerās	nōluerās	māluerās
		...	...	...
Futur	1. Pers. Sg.	volam	nōlam	mālam
	2. Pers. Sg.	volēs	nōlēs	mālēs
		...	...	...
Konjunktiv					
Präsens	1. Pers. Sg.	velim	nōlim	mālim
	2. Pers. Sg.	velīs	nōlīs	mālīs
	3. Pers. Sg.	velit	nōlit	mālit
	1. Pers. Pl.	velīmus	nōlīmus	mālīmus
	2. Pers. Pl.	velītis	nōlītis	mālītis
	3. Pers. Pl.	velint	nōlint	mālint

Imperfekt	1. Pers. Sg.	vellem	nōllem	māllem
	2. Pers. Sg.	vellēs	nōllēs	māllēs
		…	…	…
Plusquamperfekt	1. Pers. Sg.	voluissem	nōluissem	māluissem
	2. Pers. Sg.	voluissēs	nōluissēs	māluissēs
		…	…	…
Infinitiv				
d. Gleichzeitigkeit		velle	nōlle	mālle
d. Vorzeitigkeit		voluisse	nōluisse	māluisse
Imperativ				
			nōlī	
			nōlīte	
Partizip				
d. Gleichzeitigkeit		volēns, volentis	nōlēns, nōlentis	

§ 142 Verneinter Imperativ

Nōlī mē tangere!   Rühr mich nicht an!
Nōlīte mē tangere!   Rührt mich nicht an!

Durch *nōlī/nōlīte* mit Infinitiv Präsens wird ein verneinter Befehl ausgedrückt.

§ 143 Syntaktische und semantische Funktionen des Gerundiums

(1) Dēlīberāre licet.   (Das) Nachdenken/Nachzudenken ist erlaubt.
(2) Legere amō.   Ich mag es zu lesen/das Lesen (= ich lese gern).

In Satz 1 füllt der Infinitiv die Satzstelle Subjekt, in Satz 2 die Satzstelle Akkusativobjekt. Er ist in beiden Sätzen wie ein Substantiv verwendet, d.h., er ist substantiviert.

(3) Nūlla est necessitās   *Es gibt keine Notwendigkeit des Überlegens. =
dēlīberandī.   Es gibt keine Notwendigkeit zu überlegen.

Die deklinierte Form des Infinitivs heißt Gerundium. Da das Gerundium von einem Verb abgeleitet ist, wird es auch als Verbalsubstantiv bezeichnet. Das Gerundium *dēlīberandī* füllt hier die Satzstelle Attribut.

Das Gerundium kann auch die Satzstelle adverbiale Bestimmung füllen:
(4) nārrandō   durch (das) Erzählen
Semantische Funktion: modal

(5) ad dēlīberandum zum Überlegen/um zu überlegen
Semantische Funktion: final

(6) in scrībendō beim Schreiben
Semantische Funktion: temporal

(7) dēlendī causā wegen des Zerstörens/um zu zerstören
Semantische Funktion: final

Das Gerundium kann durch eine adverbiale Bestimmung oder/und ein Objekt ergänzt sein:

(8) necessitās diū dēlīberandī die Notwendigkeit, lange zu überlegen
(9) facultās omnia recordandī die Möglichkeit, alles zu überdenken

§ 144 Bildeweise des Gerundiums

ā-Konjugation: vocāre

Gen.		voca-**nd**-ī	des Rufens
Dat.[1]		voca-**nd**-ō	dem Rufen
Akk.[2]	ad	voca-**nd**-um	zum Rufen
Abl.		voca-**nd**-ō	durch (das) Rufen

ē-Konjugation:	terrēre,	terre-nd-ī …
ī-Konjugation:	audīre,	audi-e-nd-ī …
kons. Konjugation:	mittere,	mitt-e-nd-ī …
kons. Konjugation mit i-Erweiterung:	capere,	capi-e-nd-ī …

Das Gerundium unregelmäßiger Verben:

īre → eundī usw.
ferre → ferendī usw.

Auch bei den Deponentien gibt es eine regelmäßige Bildeweise des Gerundiums; diese Gerundia haben aktive Bedeutung:

vēnārī → vēnandī des Jagens
verērī → verendī des Fürchtens
ūtī → ūtendī des Benutzens

Bildeweise des Gerundiums:
Präsensstamm (+ Bindevokal) + -nd- + Singularendungen der o-Deklination

---

1 Der Dativ kommt nur selten vor.
2 Der Akkusativ des Gerundiums steht nur nach einer Präposition.

Lektion 25

§ 145 Bildeweise des Gerundivums

vocāre: voca**nd**us, a, um
terrēre: terre**nd**us, a, um
audīre: audie**nd**us, a, um
mittere: mitte**nd**us, a, um
capere: capie**nd**us, a, um

Das Gerundivum ist ein Verbaladjektiv, d.h. ein von einem Verb abgeleitetes Adjektiv. Es ist wie das Gerundium aus dem Präsensstamm und dem Kennzeichen **-nd-** gebildet und wird nach der ā- und o-Deklination dekliniert.

Die Übersetzung des Gerundivums ist abhängig von der Art und Weise, wie es verwendet wird (vgl. § 146 und Lektion 26, §§ 149–150).

§ 146 Das Gerundivum als Attribut

1. Bei Präpositionen

ad odium dēfendendum	zur Verteidigung/Rechtfertigung des Hasses; um den Hass zu verteidigen/zu rechtfertigen
in miseriīs ferendīs	beim Ertragen des Elends; während man das Elend erträgt
populī servandī causā	um das Volk zu retten/zur Rettung des Volkes

Das Gerundivum bei Präpositionen steht in derselben Funktion und Bedeutung wie das Gerundium. Bei den hier angeführten Gerundivkonstruktionen kannst du das Gerundivum durch ein Substantiv übersetzen; oft ist allerdings die Übersetzung mit einem Gliedsatz besser. Die semantische Funktion, die durch die lateinische Präposition angezeigt wird, musst du bei der Wahl der Gliedsatzeinleitung berücksichtigen.

Gerundivkonstruktion	semantische Funktion	Übersetzung mit
ad odium dēfendendum	final	damit/um zu
in miseriīs ferendīs	temporal	während/bei
populī servandī causā	final	damit/um zu

2. Das Gerundivum im Genitiv

deī venerandī studiōsus	eifrig bemüht, Gott zu verehren
ars cēnae parandae	die Kunst, ein Essen zuzubereiten

In beiden Fällen empfiehlt sich die Übersetzung durch einen Infinitiv mit »zu«.

3. Das Gerundivum im Ablativ

iēiūniīs ferendīs   durch das Ertragen von Fastentagen/des Fastens; dadurch dass/indem man Fastentage erträgt/indem man fastet

Semantische Funktion: modal

§ 147 Adjektive der konsonantischen Deklination

vetus, veteris   alt
dīves, dīvitis   reich
pauper, pauperis   arm

Diese Adjektive gehören zur konsonantischen Deklination. Sie haben

im Ablativ Singular	die Endung **-e**:	vetere, dīvite, paupere
im Genitiv Plural	die Endung **-um**:	veter**um**, dīvit**um**, pauper**um**
im Nominativ und Akkusativ Plural n.	die Endung **-a**:	veter**a**, dīvit**a**, pauper**a**

§ 148 Pronominaladjektive (Zusammenfassung)

Unter dieser Gruppe werden zusammengefasst:

ūnus   ein(er)
sōlus   allein
tōtus   ganz
ūllus   irgendein
alter   der eine (von beiden), der andere
nūllus   kein
alius   ein anderer

Diese Adjektive werden nach der ā- und o-Deklination dekliniert; da sie wie einige Pronomina (z.B. *iste; ipse*) den Genitiv Singular auf **-īus** und den Dativ Singular auf **-ī** bilden, heißen sie Pronominaladjektive.
Der Genitiv Singular von alius lautet alterīus, der Nom. und Akk. Sg. n. lautet aliud.

Lektion 26

§ 149 Das Gerundivum als Prädikatsnomen

Oboedientia discipulīs praebenda est.   * Von den Schülern muss Gehorsam geleistet werden./ Die Schüler müssen Gehorsam leisten.

Eīs nōn suō arbitriō vīvendum est.   * Es darf von ihnen nicht nach eigenem Willen gelebt werden/Sie dürfen nicht nach eigenem Willen leben.

Als Prädikatsnomen gibt das Gerundivum in Verbindung mit einer Form von *esse* an, dass etwas getan werden muss. Wird es verneint, gibt es an, dass etwas nicht getan werden darf. Im Deutschen ist die Übersetzung durch das Aktiv besser als durch das Passiv.

Die Person, die etwas tun muss oder nicht tun darf, steht im dātīvus auctōris (Dativ des Urhebers).

Voluptātibus suīs ab eīs pārendum nōn est.   Sie dürfen ihren Lüsten nicht gehorchen.

Ist das Gerundivum bereits mit einem Dativobjekt verbunden, kann die Person, die etwas tun muss oder nicht tun darf, mit *ā/ab* + Ablativ ausgedrückt werden.

§ 150 Das Gerundivum als Prädikativum

Seniōrēs frātrēs, quī peccāverint, abbātī pūniendōs trādunt.   Die Älteren übergeben dem Abt die Brüder, die sich versündigt haben, *als zu bestrafende./… zur Bestrafung./… damit er sie bestrafe.

Das Gerundivum steht in prädikativer Verwendung bei Verben des Gebens (z.B. *dare*), Übergebens (z.B. *trādere*) und Überlassens (z.B. *permittere*) zur Angabe des Zwecks. Es hat wie das Gerundivum als Prädikatsnomen passivische Bedeutung.
Semantische Funktion: final

§ 151 Konjunktiv Perfekt

(1) Abbās eōs, quī peccāverint, pūnit.   Der Abt bestraft diejenigen, die sich versündigt haben.

(2) Frātrī nōn quicquam licet habēre, quod abbās nōn permīserit.   Einem Bruder ist es nicht erlaubt, etwas zu besitzen, was der Abt nicht erlaubt (hat).

Im Gliedsatz steht der Konjunktiv Perfekt zum Ausdruck der Vorzeitigkeit.
Zur Bedeutung des Konjunktivs vgl. § 153, 2.

§ 152 Formen des Konjunktiv Perfekt

ā-Konjugation: vocāre

	Aktiv	Passiv
1. Pers. Sg.	vocāv-**eri**-m	vocāt**us, a, um sim**
2. Pers. Sg.	vocāv-**eri**-s	vocātus, a, um sīs
3. Pers. Sg.	vocāv-**eri**-t	vocātus, a, um sit
1. Pers. Pl.	vocāv-**eri**-mus	vocāt**ī, ae, a sīmus**
2. Pers. Pl.	vocāv-**eri**-tis	vocātī, ae, a sītis
3. Pers. Pl.	vocāv-**eri**-nt	vocātī, ae, a sint

ē-Konjugation: terrēre

	Aktiv	Passiv
1. Pers. Sg.	terru-erim	territus, a, um sim
2. Pers. Sg.	terru-eris	territus, a, um sīs
3. Pers. Sg.	terru-erit	territus, a, um sit
1. Pers. Pl.	terru-erimus	territī, ae, a sīmus
2. Pers. Pl.	terru-eritis	territī, ae, a sītis
3. Pers. Pl.	terru-erint	territī, ae, a sint

ī-Konjugation: audīre

	Aktiv	Passiv
1. Pers. Sg.	audīv-erim	audītus, a, um sim
2. Pers. Sg.	audīv-eris	audītus, a, um sīs
3. Pers. Sg.	audīv-erit	audītus, a, um sit
1. Pers. Pl.	audīv-erimus	audītī, ae, a sīmus
2. Pers. Pl.	audīv-eritis	audītī, ae, a sītis
3. Pers. Pl.	audīv-erint	audītī, ae, a sint

konsonantische Konjugation: mittere

	Aktiv	Passiv
1. Pers. Sg.	mīs-erim	missus, a, um sim
2. Pers. Sg.	mīs-eris	missus, a, um sīs
3. Pers. Sg.	mīs-erit	missus, a, um sit
1. Pers. Pl.	mīs-erimus	missī, ae, a sīmus
2. Pers. Pl.	mīs-eritis	missī, ae, a sītis
3. Pers. Pl.	mīs-erint	missī, ae, a sint

konsonantische Konjugation mit i-Erweiterung: capere

	Aktiv	Passiv
1. Pers. Sg.	cēp-erim	captus, a, um sim
2. Pers. Sg.	cēp-eris	captus, a, um sīs
3. Pers. Sg.	cēp-erit	captus, a, um sit
1. Pers. Pl.	cēp-erimus	captī, ae, a sīmus
2. Pers. Pl.	cēp-eritis	captī, ae, a sītis
3. Pers. Pl.	cēp-erint	captī, ae, a sint

Bildeweise des Konjunktiv Perfekt Aktiv:
Perfektstamm + -erim, -eris, -erit, -erimus, -eritis, -erint

Bildeweise des Konjunktiv Perfekt Passiv:
Partizip Perfekt Passiv + Konjunktiv Präsens von esse

§ 153 Modi im Relativsatz

1. Relativsätze im Indikativ

Benedictus monachīs praecepta dedit, quae ūsque ad hunc diem observant.

Benedikt gab den Mönchen Vorschriften, die sie bis auf den heutigen Tag befolgen.

Relativsätze, die einen objektiven Sachverhalt wiedergeben, stehen im Indikativ.

2. Relativsätze im Konjunktiv

Steht ein Relativsatz im Konjunktiv, enthält er eine zusätzliche Information, einen sogenannten (adverbialen) Nebensinn. Bei der Übersetzung musst du darauf achten, in welchem Sinnverhältnis der Relativsatz zum übergeordneten Satz steht.

kausal

Seniōrēs frātrēs, quī peccāverint, abbātī trādunt.

Die Älteren übergeben dem Abt die Brüder, die sich/weil sie sich versündigt haben.

final

Ēliguntur ūnus aut duo seniōrēs, quī videant, nē …

Einer oder zwei Ältere werden ausgewählt, damit sie schauen, dass nicht…/die schauen sollen, dass nicht …

konzessiv

Frāter, quī in lectiōne dīvīnā occupātus esse dēbeat, vacat ōtiō.	Ein Bruder, der eigentlich mit der Lektüre der Bibel beschäftigt sein sollte, gibt sich dem Nichtstun hin./Ein Bruder gibt sich, obwohl er mit der Lektüre der Bibel beschäftigt sein sollte, dem Nichtstun hin.

konsekutiv

Frātrī nōn quicquam licet habēre, quod abbās nōn permīserit.	Einem Bruder ist es nicht erlaubt, etwas zu besitzen, was (so beschaffen ist, dass es) der Abt nicht erlaubt hat.

In den Beispielen 1–3 lassen sich die konjunktivischen Relativsätze durch einen adverbialen Gliedsatz übersetzen.

Lateinische Relativsätze mit kausalem oder konzessivem Nebensinn darfst du auch durch einen deutschen Relativsatz wiedergegeben werden (dann ist der Nebensinn allerdings nicht mehr erkennbar).

Ein finaler Nebensinn muss aber zum Ausdruck kommen.

Der konsekutive Nebensinn (Beispiel 4) wird im Deutschen meist nicht wiedergegeben. Er lässt sich erklären, indem man »so beschaffen, dass« einfügt.

Lektion 27

§ 154 Prohibitiv

Nē hoc dīxeris!	Sag das nicht!
Nē hoc dīxeritis!	Sagt das nicht!

Ein an die 2. Person gerichtetes Verbot (verneinter Imperativ) wird durch *nē* + Konjunktiv Perfekt (*coniūnctīvus prohibitīvus*) gebildet. Das Perfekt bezeichnet hier nicht die Vergangenheit und wird daher präsentisch übersetzt.
Zum verneinten Imperativ vgl. auch Lektion 24, § 142.

§ 155 nci als Satzglied

Quīdam philosophī aliud dīcere atque facere trāduntur.	* Manche Philosophen werden überliefert, anders zu reden als zu handeln. Es wird überliefert, dass manche Philosophen anders reden als handeln.

In unserem Beispielsatz sind zwei Aussagen miteinander verknüpft: Manche Philosophen reden anders, als sie handeln – so wird überliefert. Werden die beiden Teilaussagen in einem Satz miteinander verbunden, steht das Prädikat im Passiv, die Person (oder Sache), über die etwas ausgesagt wird, tritt (als Subjekt) in den Nominativ und das, was sie tut, in den Infinitiv. Nominativ und Infinitiv füllen zusammen die Satzstelle Subjekt.

Im nci steht auch das Prädikatsnomen im Nominativ:

Antrōnius stultus esse vidētur.	Antronius scheint dumm zu sein./ Es scheint, dass Antronius dumm ist.

Übersetzung des nci

Monachī librōs nōn legere iussī sunt.	Es wurde befohlen, dass die Mönche keine Bücher lesen sollen.
Magdalia ērudīta fuisse dīcitur.	Es wird gesagt/Man sagt, dass Magdalia gebildet gewesen sei.

Das Prädikat wird unpersönlich übersetzt. Den nci (der sich nur selten, wie bei *vidērī*, »wörtlich« wiedergeben lässt) kannst du immer mit einem dass-Satz übersetzen: Der Nominativ wird zum Subjekt, der Infinitiv zum Prädikat. Beim Tempus gelten dieselben Regeln wie beim aci: Der Infinitiv der Gleichzeitigkeit drückt die Gleichzeitigkeit, der Infinitiv der Vorzeitigkeit die Vorzeitigkeit und der Infinitiv der Nachzeitigkeit die Nachzeitigkeit aus.

§ 156 Konditionalsätze (Zusammenfassung)

(1) Sī hoc dīcis, errās. Wenn du das (wirklich) sagst, irrst du dich.
(2) Sī hoc dīxistī, errāvistī. Wenn du das (wirklich) gesagt hast, hast du dich geirrt.
(3) Sī hoc dīcās (dīxeris), errēs (errāveris). Wenn du dies sagen solltest (und das wäre möglich), würdest du dich irren.
(4) Sī hoc dīcerēs, errārēs. Wenn du dies sagen würdest (aber das ist nicht der Fall), würdest du dich irren.
(5) Sī hoc dīxissēs, errāvissēs. Wenn du das gesagt hättest (aber du hast es nicht gesagt), hättest du dich geirrt.

In den Sätzen 1 und 2 zeigt dir der Indikativ, dass von einem tatsächlichen Fall ausgegangen wird (**Realis**).

Der Konjunktiv Präsens (oder Perfekt) in Satz 3 drückt aus, dass es nach Ansicht des Sprechers zwar nicht sicher, aber durchaus möglich ist, dass der Angesprochene jene Aussage macht (**Potentialis**). Innerhalb des Potentialis hat das Perfekt keine Zeitbedeutung und wird präsentisch wiedergegeben.

In den Sätzen 4 und 5 zeigen dir der Konjunktiv Imperfekt bzw. Plusquamperfekt, dass der Sprecher zwar die Möglichkeit in Betracht zieht, aber davon ausgeht, dass sie nicht eintritt (Konjunktiv Imperfekt) bzw. nicht eingetreten ist (Konjunktiv Plusquamperfekt).

Das im Konjunktiv Imperfekt stehende Satzgefüge heißt **Irrealis der Gegenwart**, das im Konjunktiv Plusquamperfekt stehende – hier werden Bedingung und Folgerung als »vergangen«, d.h. als nicht mehr gegeben, betrachtet – **Irrealis der Vergangenheit**.

Konditionalsatz	Semantische Funktion
Indikativ Präsens	Realis der Gegenwart
Indikativ Perfekt	Realis der Vergangenheit
Konjunktiv Präsens/Perfekt	Potentialis der Gegenwart
Konjunktiv Imperfekt	Irrealis der Gegenwart
Konjunktiv Plusquamperfekt	Irrealis der Vergangenheit

Vgl. Lektion 20, §§ 118–120.

Lektion 28

§ 157 Futur 2

Egō, cum revertero, rēgī māgnam aurī cōpiam dabō.	Ich werde, *wenn ich zurückgekehrt sein werde = wenn ich zurückgekehrt bin/wenn ich zurückkehre, dem König eine große Menge Gold übergeben.

Das Futur 2 (»vollendete Zukunft«) drückt die Vorzeitigkeit zu einem Futur 1 aus. Das Futur 2 ist im Deutschen ungebräuchlich, du kannst es meist mit dem Perfekt oder Präsens übersetzen.

Bildeweise

Das Futur 2 Aktiv setzt sich zusammen aus dem Perfektstamm und den Endungen -erō, -eris, -erit, -erimus, -eritis, -erint:

	vocāre	
1. Pers. Sg.	vocāv-**erō**	* ich werde gerufen haben
2. Pers. Sg.	vocāv-**eris**	
3. Pers. Sg.	vocāv-**erit**	
1. Pers. Pl.	vocāv-**erimus**	
2. Pers. Pl.	vocāv-**eritis**	
3. Pers. Pl.	vocāv-**erint**	

Das Futur 2 Passiv setzt sich zusammen aus dem Partizip der Vorzeitigkeit und dem Futur 1 von esse:

	vocāre	
1. Pers. Sg.	vocā**tus, a, um erō**	* ich werde gerufen worden sein
2. Pers. Sg.	vocātus, a, um eris	
3. Pers. Sg.	vocātus, a, um erit	
1. Pers. Pl.	vocā**tī, ae, a erimus**	
2. Pers. Pl.	vocātī, ae, a eritis	
3. Pers. Pl.	vocātī, ae, a erunt	

Auch das Futur 2 der Deponentien wird aktivisch übersetzt:
pollicitus erō: * ich werde versprochen haben

§ 158 Zeitenfolge (cōnsecūtiō temporum)

Das Lateinische achtet im Allgemeinen sehr viel genauer auf das Zeitverhältnis als das Deutsche. Ausschlaggebend für das Tempus des konjunktivischen Gliedsatzes ist das Tempus des Prädikats im übergeordneten Satz.

Übergeordneter Satz	Gliedsatz im Konjunktiv		
	gleichzeitig	vorzeitig	nachzeitig
Präsens, Futur 1	Präsens	Perfekt	Präsens
Perfekt, Imperfekt, Plusquamperfekt	Imperfekt	Plusquamperfekt	Imperfekt

Beispiele

Übergeordneter Satz	Gliedsatz im Konjunktiv		
	gleichzeitig	vorzeitig	nachzeitig
Columbus Gādibus **discēdit** …	… cum iter perīculōsum **sit**.	… cum omnia necessāria **parāverit**.	… ut plūrimās īnsulās **reperiat**.
Kolumbus **bricht** von Cadiz auf …	… obwohl die Reise gefährlich **ist**.	… nachdem er alles Notwendige **besorgt hat**.	… um sehr viele Inseln zu entdecken.
Columbus Gādibus **discessit** …	… cum iter perīculōsum **esset**.	… cum omnia necessāria **parāvisset**.	… ut plūrimās īnsulās **reperīret**.
Kolumbus **brach** von Cadiz auf …	… obwohl die Reise gefährlich **war**.	… nachdem er alles Notwendige **besorgt hatte**.	… um sehr viele Inseln zu entdecken.

Steht im übergeordneten Satz ein **Haupttempus** (Präsens oder Futur 1), so steht im konjunktivischen Gliedsatz zur Bezeichnung der Gleichzeitigkeit Konjunktiv Präsens, zur Bezeichnung der Vorzeitigkeit Konjunktiv Perfekt und zur Bezeichnung der Nachzeitigkeit Konjunktiv Präsens.

Steht im übergeordneten Satz ein **Nebentempus** (Perfekt, Imperfekt oder Plusquamperfekt), so steht im konjunktivischen Gliedsatz zur Bezeichnung der Gleichzeitigkeit Konjunktiv Imperfekt, zur Bezeichnung der Vorzeitigkeit Konjunktiv Plusquamperfekt und zur Bezeichnung der Nachzeitigkeit Konjunktiv Imperfekt.

§ 159 Ōrātiō oblīqua

In der indirekten Rede (ōrātiō oblīqua) treten die lateinischen Hauptsätze in den aci, die indikativischen Gliedsätze in den Konjunktiv. Der Modus der konjunktivischen Gliedsätze bleibt unverändert.

Für die lateinischen konjunktivischen Gliedsätze gelten die Regeln der Zeitenfolge (cōnsecūtiō temporum; vgl. § 158).

Beispielsätze zur ōrātiō obliqua und eine kurze Übersicht der wichtigsten Regeln findest du im Textband, S. 176 f.

Beachte zusätzlich:
Steht innerhalb der indirekten Rede ein Relativsatz ausnahmsweise im Indikativ, so handelt es sich um einen eigenen Zusatz/Kommentar des Berichterstatters:

Trāditum est Chrīstophorum Columbum, in mare, quod ab illō Indicum appellābatur, pervēnisse.	Es ist überliefert, dass Christoph Kolumbus in ein Meer, das von ihm das indische Meer genannt wurde, gekommen war.

§ 160 Die indirekte Rede im Deutschen

Im Deutschen steht die indirekte Rede im Konjunktiv, und zwar
1. im Konjunktiv I, wenn die entsprechende Form nicht mit der Form des Indikativs zusammenfällt:
   Kolumbus schreibt, die Einwohner seien freundlich.

2. im Konjunktiv II, wenn die entsprechende Form des Konjunktivs I mit der Form des Indikativ Präsens zusammenfällt:
   Kolumbus schreibt, die Leute seien so freundlich, dass sie ihm viele Geschenke gemacht hätten (und nicht: Geschenke gemacht haben).

3. Ist das Prädikat des Gliedsatzes vorzeitig zum Prädikat des die indirekte Rede einleitenden Satzes, so steht im Deutschen der Konjunktiv I:
   Kolumbus sagt (wird sagen/hat gesagt/sagte/hatte gesagt), er habe eine neue Insel entdeckt und sei darüber sehr glücklich gewesen.

§ 161 Substantive der i-Deklination

Bei einigen wenigen Substantiven wie *turris, is f.* (Turm) und *mare, maris n.* (Meer) endet der Wortstamm auf *-i*; sie gehören zur i-Deklination.

	turris f.: Turm		mare n.: Meer	
	Singular	Plural	Singular	Plural
Nom.	turr-i-s	turr-ēs	mar-e	mar-**i-a**
Gen.	turr-i-s	turr-**i-um**	mar-i-s	mar-**i-um**
Dat.	turr-ī	turr-i-bus	mar-ī	mar-i-bus
Akk.	turr-**i-m**	turr-**ī-s** (turr-ēs)	mar-e	mar-**i-a**
Abl.	turr-ī	turr-i-bus	mar-ī	mar-i-bus

Ebenso: *sitis, is f.*: Durst

Beachte:
Im Unterschied zur konsonantischen Deklination endet der Ablativ Singular immer auf *-ī*, der Genitiv Plural immer auf *-ium*.

Die femininen Substantive der i-Deklination bilden darüber hinaus den Akkusativ Singular auf *-im*, die Neutra den Nominativ und Akkusativ Plural auf *-ia*.

Anhang

Deklination der Substantive

ā-Deklination

ancilla f.: Sklavin		
	Singular	Plural
Nom.	ancill-a	ancill-ae
Gen.	ancill-ae	ancill-ārum
Dat.	ancill-ae	ancill-īs
Akk.	ancill-am	ancill-ās
Abl.	cum ancill-ā	cum ancill-īs

o-Deklination

Masculina auf -us			Masculina auf -er		
servus m.: Sklave			magister m.: Lehrer		
	Singular	Plural		Singular	Plural
Nom.	serv-us	serv-ī	Nom.	magister	magistr-ī
Gen.	serv-ī	serv-ōrum	Gen.	magistr-ī	magistr-ōrum
Dat.	serv-ō	serv-īs	Dat.	magistr-ō	magistr-īs
Akk.	serv-um	serv-ōs	Akk.	magistr-um	magistr-ōs
Abl.	cum serv-ō	cum serv-īs	Abl.	cum magistr-ō	cum magistr-īs
Vok.	serv-e	serv-ī	Vok.	magister	magistr-ī

o-Deklination: Neutra

tēctum n.: Dach		
	Singular	Plural
Nom.	tēct-um	tēct-a
Gen.	tēct-ī	tēct-ōrum
Dat.	tēct-ō	tēct-īs
Akk.	tēct-um	tēct-a
Abl.	tēct-ō	tēct-īs

konsonantische Deklination: Maskulina und Feminina

labor m.: Arbeit

	Singular	Plural
Nom.	labor	labōr-ēs
Gen.	labōr-is	labōr-um
Dat.	labōr-ī	labōr-ibus
Akk.	labōr-em	labōr-ēs
Abl.	labōr-e	labōr-ibus

konsonantische Deklination: Neutrum

tempus n.: Zeit			nōmen n.: Name		
	Singular	Plural		Singular	Plural
Nom.	temp**us**	tempor-**a**	Nom.	nōm**en**	nōmin-**a**
Gen.	tempor-is	tempor-um	Gen.	nōmin-is	nōmin-um
Dat.	tempor-ī	tempor-ibus	Dat.	nōmin-ī	nōmin-ibus
Akk.	temp**us**	tempor-**a**	Akk.	nōm**en**	nōmin-**a**
Abl.	tempor-e	tempor-ibus	Abl.	nōmin-e	nōmin-ibus

gemischte Deklination

urbs f.: Stadt

	Singular	Plural
Nom.	urbs	urb-ēs
Gen.	urb-is	urb-**ium**
Dat.	urb-ī	urb-ibus
Akk.	urb-em	urb-ēs
Abl.	urb-e	urb-ibus

i-Deklination

turris f.: Turm			mare n.: Meer		
	Singular	Plural		Singular	Plural
Nom.	turr-i-s	turr-ēs	Nom.	mar-e	mar-**i-a**
Gen.	turr-i-s	turr-**i-um**	Gen.	mar-i-s	mar-**i-um**
Dat.	turr-ī	turr-i-bus	Dat.	mar-ī	mar-i-bus
Akk.	turr-**i-m**	turr-**ī-s** (turr-ēs)	Akk.	mar-e	mar-**i-a**
Abl.	turr-ī	turr-i-bus	Abl.	mar-ī	mar-i-bus

ē-Deklination

rēs f.: Sache		
	Singular	Plural
Nom.	r-ēs	r-ēs
Gen.	r-eī	r-ērum
Dat.	r-eī	r-ēbus
Akk.	r-em	r-ēs
Abl.	r-ē	r-ēbus

u-Deklination

exercitus m.: Heer		
	Singular	Plural
Nom.	exercit-us	exercit-ūs
Gen.	exercit-ūs	exercit-uum
Dat.	exercit-uī	exercit-ibus
Akk.	exercit-um	exercit-ūs
Abl.	exercit-ū	exercit-ibus

Deklination der Adjektive

Adjektive der ā- und o-Deklination
auf -us: bonus, a, um

	Singular			Plural		
	m.	**f.**	**n.**	**m.**	**f.**	**n.**
Nom.	bon-us	bon-a	bon-um	bon-ī	bon-ae	bon-a
Gen.	bon-ī	bon-ae	bon-ī	bon-ōrum	bon-ārum	bon-ōrum
Dat.	bon-ō	bon-ae	bon-ō	bon-īs	bon-īs	bon-īs
Akk.	bon-um	bon-am	bon-um	bon-ōs	bon-ās	bon-a
Abl.	bon-ō	bon-ā	bon-ō	bon-īs	bon-īs	bon-īs

auf -er: pulcher, pulchra, pulchrum

	Singular			Plural		
	m.	**f.**	**n.**	**m.**	**f.**	**n.**
Nom.	pulcher	pulchr-a	pulchr-um	pulchr-ī	pulchr-ae	pulchr-a
Gen.	pulchr-ī	pulchr-ae	pulchr-ī	pulchr-ōrum	pulchr-ārum	pulchr-ōrum
	usw.					

auf -er: miser, misra, miserum

	Singular			Plural		
	m.	**f.**	**n.**	**m.**	**f.**	**n.**
Nom.	miser	miser-a	miser-um	miser-ī	miser-ae	miser-a
Gen.	miser-ī	miser-ae	miser-ī	miser-ōrum	miser-ārum	miser-ōrum
	usw.					

Adjektive i-Deklination
dreiendig: acer, acris, acre

	Singular			Plural		
	m.	**f.**	**n.**	**m.**	**f.**	**n.**
Nom.	ācer	ācr-is	ācr-e	ācr-ēs	ācr-ēs	ācr-**ia**
Gen.	ācr-is	ācr-is	ācr-is	ācr-**ium**	ācr-**ium**	ācr-**ium**
Dat.	ācr-ī	ācr-ī	ācr-ī	ācr-ibus	ācr-ibus	ācr-ibus
Akk.	ācr-em	ācr-em	ācr-e	ācr-ēs	ācr-ēs	ācr-**ia**
Abl.	ācr-ī	ācr-ī	ācr-ī	ācr-ibus	ācr-ibus	ācr-ibus

zweiendig: difficilis, difficilis, difficile

	Singular		Plural	
	m. / f.	**n.**	**m. / f.**	**n.**
Nom.	difficil-is	difficil-e	difficil-ēs	difficil-**ia**
Gen.	difficil-is	difficil-is	difficil-**ium**	difficil-**ium**
Dat.	difficil-ī	difficil-ī	difficil-ibus	difficil-ibus
Akk.	difficil-em	difficil-e	difficil-ēs	difficil-**ia**
Abl.	difficil-ī	difficil-ī	difficil-ibus	difficil-ibus

einendig: felix, felix, felix

	Singular		Plural	
	m. / f.	**n.**	**m. / f.**	**n.**
Nom.	fēlīx	fēlīx	fēlīc-ēs	fēlīc-**ia**
Gen.	fēlīc-is	fēlīc-is	fēlīc-**ium**	fēlīc-**ium**
Dat.	fēlīc-ī	fēlīc-ī	fēlīc-ibus	fēlīc-ibus
Akk.	fēlīc-em	fēlīc-em	fēlīc-ēs	fēlīc-**ia**
Abl.	fēlīc-ī	fēlīc-ī	fēlīc-ibus	fēlīc-ibus

Deklination des Komparativs der Adjektive
doctior, doctior, doctius

	Singular		Plural	
	m. / f.	**n.**	**m. / f.**	**n.**
Nom.	doct-ior	doct-ius	doctiōr-ēs	doctiōr-a
Gen.	doctiōr-is	doctiōr-is	doctiōr-um	doctiōr-um
Dat.	doctiōr-ī	doctiōr-ī	doctiōr-ibus	doctiōr-ibus
Akk.	doctiōr-em	doct-ius	doctiōr-ēs	doctiōr-a
Abl.	doctiōr-e	doctiōr-e	doctiōr-ibus	doctiōr-ibus

Deklination des Partizips der Gleichzeitigkeit

	Singular		Plural	
	m. / f.	**n.**	**m. / f.**	**n.**
Nom.	vocāns	vocāns	vocant-ēs	vocant-ia
Gen.	vocant-is	vocant-is	vocant-ium	vocant-ium
Dat.	vocant-ī	vocant-ī	vocant-ibus	vocant-ibus
Akk.	vocant-em	vocāns	vocant-ēs	vocant-ia
Abl.	vocant-e	vocant-e	vocant-ibus	vocant-ibus

Personalpronomina

	Singular			
	1. Pers. Sg.		2. Pers. Sg.	
Nom.	egō	ich	tū	du
Gen.	meī	meiner	tuī	deiner
Dat.	mihi	mir	tibi	dir
Akk.	mē	mich	tē	dich
Abl.	mē ā mē mēcum	 von mir mit mir	tē ā tē tēcum	 von dir mit dir
	Plural			
	1. Pers. Pl.		2. Pers. Pl.	
Nom.	nōs	wir	vōs	ihr
Gen.	nostrī/nostrum	unser	vestrī/vestrum	euer
Dat.	nōbīs	uns	vōbīs	euch
Akk.	nōs	uns	vōs	euch
Abl.	nōbīs ā nōbīs nōbīscum	 von uns mit uns	vōbīs ā vōbīs vōbīscum	 von euch mit euch

Reflexivpronomina

	Singular und Plural	
Nom.	–	–
Gen.	suī	seiner, ihrer
Dat.	sibī	sich
Akk.	sē	sich
Abl.	sē (sēcum = cum sē)	mit sich

Possessivpronomina

	Singular		Plural	
1. Pers.	meus, a, um	mein	noster, nostra, nostrum	unser
2. Pers.	tuus, a, um	dein	vester, vestra, vestrum	euer
3. Pers.	suus, a, um	sein; ihr	suus, a, um	ihr

Die Possessivpronomina werden wie Adjektive der ā- und o-Deklination dekliniert.

Relativpronomina

	Singular			Plural		
	m.	**f.**	**n.**	**m.**	**f.**	**n.**
Nom.	quī	quae	quod	quī	quae	quae
Gen.	cuius	cuius	cuius	quōrum	quārum	quōrum
Dat.	cui	cui	cui	quibus	quibus	quibus
Akk.	quem	quam	quod	quōs	quās	quae
Abl.	quō	quā	quō	quibus	quibus	quibus
In Verbindung mit cum: quōcum, quācum, quibuscum						

Demonstrativpronomina

is, ea, id

	Singular			Plural		
	m.	f.	n.	m.	f.	n.
Nom.	is	ea	id	iī (eī)	eae	ea
Gen.	eius	eius	eius	eōrum	eārum	eōrum
Dat.	ei	ei	ei	iīs (eīs)	iīs (eīs)	iīs (eīs)
Akk.	eum	eam	id	eōs	eās	ea
Abl.	eō	eā	eō	iīs (eīs)	iīs (eīs)	iīs (eīs)

hic, haec, hoc

	Singular			Plural		
	m.	f.	n.	m.	f.	n.
Nom.	hic	haec	hoc	hī	hae	haec
Gen.	huius	huius	huius	hōrum	hārum	hōrum
Dat.	huic	huic	huic	hīs	hīs	hīs
Akk.	hunc	hanc	hoc	hōs	hās	haec
Abl.	hoc	hāc	hōc	hīs	hīs	hīs

ille, illa, illud

	Singular			Plural		
	m.	f.	n.	m.	f.	n.
Nom.	ille	illa	illud	illī	illae	illa
Gen.	illīus	illīus	illīus	illōrum	illārum	illōrum
Dat.	illī	illī	illī	illīs	illīs	illīs
Akk.	illum	illam	illud	illōs	illās	illa
Abl.	illō	illā	illō	illīs	illīs	illīs

Ebenso: iste, ista, istud

ipse, ipsa, ipsum

	Singular			Plural		
	m.	f.	n.	m.	f.	n.
Nom.	ipse	ipsa	ipsum	ipsī	ipsae	ipsa
Gen.	ipsīus	ipsīus	ipsīus	ipsōrum	ipsārum	ipsōrum
Dat.	ipsī	ipsī	ipsī	ipsīs	ipsīs	ipsīs
Akk.	ipsum	ipsam	ipsum	ipsōs	ipsās	ipsa
Abl.	ipsō	ipsā	ipsō	ipsīs	ipsīs	ipsīs

īdem, eadem, idem

	Singular			Plural		
	m.	f.	n.	m.	f.	n.
Nom.	īdem	eadem	idem	iīdem	eaedem	eadem
Gen.	eiusdem	eiusdem	eiusdem	eōrundem	eārundem	eōrundem
Dat.	eidem	eidem	eidem	iīsdem	iīsdem	iīsdem
Akk.	eundem	eandem	idem	eōsdem	eāsdem	eadem
Abl.	eōdem	eādem	eōdem	eīsdem	eīsdem	eīsdem

Dativ und Ablativ haben auch die Form īsdem.

Interrogativpronomina

substantivisch

	m. / f.		n.	
Nom.	quis?	wer?	quid?	was?
Gen.	cuius?	wessen?	cuius?	wessen?
Dat.	cui?	wem?	cui?	wem?
Akk.	quem?	wen?	quid?	was?
Abl.	ā quō?	von wem?	quō?	wovon? wodurch?
	quōcum?	mit wem?		

Das adjektivische Interrogativpronomen ist gleich dem Relativpronomen.

Indefinitivpronomina

substantivisch
aliquis, aliqua, aliquid — irgendeiner, irgendeine, irgendetwas; jemand, etwas

adjektivisch
aliquī, aliqua(e), aliquod — irgendein, irgendeine, irgendein

Diese Indefinita werden nach dem Muster von *quis, quid*, bzw. *quī, quae, quod* dekliniert.

quisquam, quicquam   (irgend)jemand, (irgend)etwas

	m. und f.	n.
Nom.	quisquam	quicquam
Gen.	cuiusquam	cuiusquam
	usw.	

quisque, quidque   jeder, jede
quisque, quaeque, quodque   jeder, jede, jedes

	substantivisch		adjektivisch		
	m. und f.	n.	m.	f.	n.
Nom.	quisque	quidque	quisque	quaeque	quodque
Gen.	cuiusque	cuiusque	cuiusque	cuiusque	cuiusque
	usw.				

uterque, utraque, utrumque   jeder, jede, jedes (von beiden)

	m.	f.	n.
Nom.	uterque	utraque	utrumque
Gen.	utrīusque	utrīusque	utrīusque
Dat.	utrīque	utrīque	utrīque
Akk.	utrumque	utramque	utrumque
Abl.	utrōque	utrāque	utrōque

quīdam, quaedam, quoddam/quiddam   ein gewisser, (irgend)ein/jemand, etwas

	substantivisch			adjektivisch		
	m.	**f.**	**n.**	**m.**	**f.**	**n.**
Nom.	quīdam	quaedam	quiddam	quīdam	quaedam	quoddam
Gen.	cuiusdam	cuiusdam	cuiusdam	cuiusdam	cuiusdam	cuiusdam
Dat.	cuidam	cuidam	cuidam	cuidam	cuidam	cuidam
Akk.	quendam	quandam	quiddam	quendam	quandam	quoddam
Abl.	quōdam	quādam	quōdam	quōdam	quādam	quōdam
			usw. aber Gen. Pl.: quōrundam, quārundam, quōrundam			

nēmō, nihil   niemand, nichts

	nēmō	**nihil**
Nom.	nēmō	nihil
Gen.	nūllīus	nūllīus reī
Dat.	nēminī	nūllī reī
Akk.	nēminem	nihil
Abl.	nūllō	nūllā rē

Pronominaladjektive

Zu den Pronominaladjektiven gehören:

ūnus	ein(er)
sōlus	allein
tōtus	ganz
ūllus	irgendein
alter	der eine (von beiden), der andere
nūllus	kein
alius	ein anderer

Sie bilden alle den Genitiv Singular auf -īus und den Dativ Singular auf -ī.
alius, alia, aliud hat im Genitiv Singular alterīus (Dativ Singular: aliī).

nūllus, a, um

	Singular			Plural		
	m.	**f.**	**n.**	**m.**	**f.**	**n.**
Nom.	nūllus	nūlla	nūllum	nūllī	nūllae	nūlla
Gen.	nūllīus	nūllīus	nūllīus	nūllōrum	nūllārum	nūllōrum
Dat.	nūllī	nūllī	nūllī	nūllīs	nūllīs	nūllīs
Akk.	nūllum	nūllam	nūllum	nūllōs	nūllās	nūlla
Abl.	nūllō	nūllā	nūllō	nūllīs	nūllīs	nūllīs

Formen des Präsensstammes

Indikativ Aktiv

Präsens				
ā-Konjugation	ē-Konjugation	ī-Konjugation	kons. Konjugation	kons. Konjugation + i
vocō	terre-ō	audi-ō	mitt-ō	capi-ō
vocā-s	terrē-s	audī-s	mitt-i-s	capi-s
voca-t	terre-t	audi-t	mitt-i-t	capi-t
vocā-mus	terrē-mus	audī-mus	mitt-i-mus	capi-mus
vocā-tis	terrē-tis	audī-tis	mitt-i-tis	capi-tis
voca-nt	terre-nt	audi-u-nt	mitt-u-nt	capi-u-nt

Imperfekt				
ā-Konjugation	ē-Konjugation	ī-Konjugation	kons. Konjugation	kons. Konjugation + i
vocā-ba-m	terrē-ba-m	audi-ēba-m	mitt-ēba-m	capi-ēba-m
vocā-bā-s	terrē-bā-s	audi-ēbā-s	mitt-ēbā-s	capi-ēbā-s
vocā-ba-t	terrē-ba-t	audi-ēba-t	mitt-ēba-t	capi-ēba-t
vocā-bā-mus	terrē-bā-mus	audi-ēbā-mus	mitt-ēbā-mus	capi-ēbā-mus
vocā-bā-tis	terrē-bā-tis	audi-ēbā-tis	mitt-ēbā-tis	capi-ēbā-tis
vocā-ba-nt	terrē-ba-nt	audi-ēba-nt	mitt-ēba-nt	capi-ēba-nt

Futur 1				
ā-Konjugation	ē-Konjugation	ī-Konjugation	kons. Konjugation	kons. Konjugation + i
vocā-b-ō	terrē-b-ō	audi-a-m	mitt-a-m	capi-a-m
vocā-bi-s	terrē-bi-s	audi-ē-s	mitt-ē-s	capi-ē-s
vocā-bi-t	terrē-bi-t	audi-e-t	mitt-e-t	capi-e-t
vocā-bi-mus	terrē-bi-mus	audi-ē-mus	mitt-ē-mus	capi-ē-mus
vocā-bi-tis	terrē-bi-tis	audi-ē-tis	mitt-ē-tis	capi-ē-tis
vocā-bu-nt	terrē-bu-nt	audi-ent	mitt-e-nt	capi-e-nt

Konjunktiv Aktiv

Präsens

ā-Konjugation	ē-Konjugation	ī-Konjugation	kons. Konjugation	kons. Konjugation + i
voce-m	terre-a-m	audi-a-m	mitt-a-m	capi-a-m
vocē-s	terre-ā-s	audi-ā-s	mitt-ā-s	capi-ā-s
voce-t	terre-a-t	audi-a-t	mitt-a-t	capi-a-t
vocē-mus	terre-ā-mus	audi-ā-mus	mitt-ā-mus	capi-ā-mus
vocē-tis	terre-ā-tis	audi-ā-tis	mitt-ā-tis	capi-ā-tis
voce-nt	terre-a-nt	audi-a-nt	mitt-a-nt	capi-a-nt

Imperfekt

ā-Konjugation	ē-Konjugation	ī-Konjugation	kons. Konjugation	kons. Konjugation + i
vocā-re-m	terrē-re-m	audī-re-m	mitte-re-m	cape-re-m
vocā-rē-s	terrē-rē-s	audī-rē-s	mitte-rē-s	cape-rē-s
vocā-re-t	terrē-re-t	audī-re-t	mitte-re-t	cape-re-t
vocā-rē-mus	terrē-rē-mus	audī-rē-mus	mitte-rē-mus	cape-rē-mus
vocā-re-tis	terrē-rē-tis	audī-rē-tis	mitte-rē-tis	cape-rē-tis
vocā-re-nt	terrē-re-nt	audī-re-nt	mitte-re-nt	cape-re-nt

Weitere Aktiv-Formen

Imperativ

ā-Konjugation	ē-Konjugation	ī-Konjugation	kons. Konjugation	kons. Konjugation + i
vocā	terrē-	audī	mitt-e	cape
vocā-te	terrē-te	audī-te	mitt-i-te	capi-te

Infinitive

ā-Konjugation	ē-Konjugation	ī-Konjugation	kons. Konjugation	kons. Konjugation + i
Infinitiv der Gleichzeitigkeit				
vocā-re	terrē-re	audī-re	mitte-re	cape-re
Infinitiv der Nachzeitigkeit				
vocā-tūrum, am, um esse	terri-tūrum, am, um esse	audī-tūrum, am, um esse	miss-ūrum, am, um esse	cap-tūrum, am, um esse

Partizipien

ā-Konjugation	ē-Konjugation	ī-Konjugation	kons. Konjugation	kons. Konjugation + i
Partizip der Gleichzeitigkeit				
vocā-ns, voca-ntis	terrē-ns, terre-ntis	audi-ēns, audi-entis	mitte-ēns, mitt-entis	capi-ēns, capi-entis
Partizip der Nachzeitigkeit				
vocātūrus, a, um	terri-tūrus, a, um	audī-tūrus, a, um	miss-ūrus, a, um	cap-tūrus, a, um

Gerundium

ā-Konjugation	ē-Konjugation	ī-Konjugation	kons. Konjugation	kons. Konjugation + i
voca-nd-ī	terre-nd-ī	audi-end-ī	mitt-end-ī	capi-end-ī

Indikativ Passiv

Präsens

ā-Konjugation	ē-Konjugation	ī-Konjugation	kons. Konjugation	kons. Konjugation + i
voc-or	terre-or	audi-or	mitt-or	capi-or
vocā-ris	terrē-ris	audī-ris	mitt-e-ris	cape-ris
vocā-tur	terrē-tur	audī-tur	mitt-i-tur	capi-tur
vocā-mur	terrē-mur	audī-mur	mitt-i-mur	capi-mur
vocā-minī	terrē-minī	audī-minī	mitt-i-minī	capi-minī
voca-ntur	terre-ntur	audi-u-ntur	mitt-u-ntur	capi-u-ntur

Imperfekt

ā-Konjugation	ē-Konjugation	ī-Konjugation	kons. Konjugation	kons. Konjugation + i
vocā-ba-r	terrē-ba-r	audi-ēba-r	mitt-ēba-r	capi-ēba-r
vocā-bā-ris	terrē-bā-ris	audi-ēbā-ris	mitt-ēbā-ris	capi-ēbā-ris
vocā-ba-tur	terrē-bā-tur	audi-ēbā-tur	mitt-ēbā-tur	capi-ēbā-tur
vocā-bā-mur	terrē-bā-mur	audi-ēbā-mur	mitt-ēbā-mur	capi-ēbā-mur
vocā-bā-minī	terrē-bā-minī	audi-ēbā-minī	mitt-ēbā-minī	capi-ēbā-minī
vocā-ba-ntur	terrē-ba-ntur	audi-ēba-ntur	mitt-ēba-ntur	capi-ēba-ntur

Futur 1

ā-Konjugation	ē-Konjugation	ī-Konjugation	kons. Konjugation	kons. Konjugation mit i-Erweiterung
vocā-b-or	terrē-b-or	audi-a-r	mitt-a-r	capi-a-r
vocā-be-ris	terrē-be-ris	audi-ē-ris	mitt-ē-ris	capi-ē-ris
vocā-bi-tur	terrē-bi-tur	audi-ē-tur	mitt-ē-tur	capi-ē-tur
vocā-bi-mur	terrē-bi-mur	audi-ē-mur	mitt-ē-mur	capi-ē-mur
vocā-bi-minī	terrē-bi-minī	audi-ē-minī	mitt-ē-mini	capi-ē-minī
vocā-bu-ntur	terrē-bu-ntur	audi-entur	mitt-e-ntur	capi-e-ntur

Konjunktiv Passiv

Präsens

ā-Konjugation	ē-Konjugation	ī-Konjugation	kons. Konjugation	kons. Konjugation mit i-Erweiterung
voce-r	terre-a-r	audi-a-r	mitt-a-r	capi-a-r
vocē-ris	terre-ā-ris	audi-ā-ris	mitt-ā-ris	capi-ā-ris
vocē-tur	terre-ā-tur	audi-ā-tur	mitt-ā-tur	capi-ā-tur
vocē-mur	terre-ā-mur	audi-ā-mur	mitt-ā-mur	capi-ā-mur
vocē-minī	terre-ā-minī	audi-ā-minī	mitt-ā-minī	capi-ā-minī
voce-ntur	terre-a-ntur	audi-a-ntur	mitt-a-ntur	capi-a-ntur

Imperfekt

ā-Konjugation	ē-Konjugation	ī-Konjugation	kons. Konjugation	kons. Konjugation mit i-Erweiterung
vocā-re-r	terrē-re-r	audī-re-r	mitte-re-r	cape-re-r
vocā-rē-ris	terrē-rē-ris	audī-rē-ris	mitte-rē-ris	cape-rē-ris
vocā-rē-tur	terrē-rē-tur	audī-rē-tur	mitte-rē-tur	cape-rē-tur
vocā-rē-mur	terrē-rē-mur	audī-rē-mur	mitte-rē-mur	cape-rē-mur
vocā-rē-minī	terrē-rē-minī	audī-rē-minī	mitte-rē-minī	cape-rē-minī
vocā-re-ntur	terrē-re-ntur	audī-re-ntur	mitte-re-ntur	cape-re-ntur

Weitere Passiv-Formen

ā-Konjugation	ē-Konjugation	ī-Konjugation	kons. Konjugation	kons. Konjugation + i
Infinitiv der Gleichzeitigkeit				
vocā-rī	terrē-rī	audī-rī	mitt-ī	capī
Gerundivum				
voca-nd-us, a, um	terre-nd-us, a, um	audi-end-us, a, um	mitt-end-us, a, um	capi-end-us, a, um

Formen des Perfektstammes

Indikativ Aktiv

Perfekt				
ā-Konjugation	ē-Konjugation	ī-Konjugation	kons. Konjugation	kons. Konjugation + i
vocāv-ī	terru-ī	audīv-ī	mīs-ī	cēp-ī
vocāv-istī	terru-istī	audīv-istī	mīs-istī	cēp-istī
vocāv-it	terru-it	audīv-it	mīs-it	cēp-it
vocāv-imus	terru-imus	audīv-imus	mīs-imus	cēp-imus
vocāv-istis	terru-istis	audīv-istis	mīs-istis	cēp-istis
vocāv-ērunt	terru-ērunt	audīv-ērunt	mīs-ērunt	cēp-ērunt

Plusquamperfekt				
ā-Konjugation	ē-Konjugation	ī-Konjugation	kons. Konjugation	kons. Konjugation + i
vocāv-eram	terru-eram	audīv-eram	mīs-eram	cēp-eram
vocāv-erās	terru-erās	audīv-erās	mīs-erās	cēp-erās
vocāv-erat	terru-erat	audīv-erat	mīs-erat	cēp-erat
vocāv-erāmus	terru-erāmus	audīv-erāmus	mīs-erāmus	cēp-erāmus
vocāv-erātis	terru-erātis	audīv-erātis	mīs-erātis	cēp-erātis
vocāv-erant	terru-erant	audīv-erant	mīs-erant	cēp-erant

Futur 2

ā-Konjugation	ē-Konjugation	ī-Konjugation	kons. Konjugation	kons. Konjugation + i
vocāv-erō	terru-erō	audīv-erō	mīs-erō	cēp-erō
vocāv-eris	terru-eris	audīv-eris	mīs-eris	cēp-eris
vocāv-erit	terru-erit	audīv-erit	mīs-erit	cēp-erit
vocāv-erimus	terru-erimus	audīv-erimus	mīs-erimus	cēp-erimus
vocāv-eritis	terru-eritis	audīv-eritis	mīs-eritis	cēp-eritis
vocāv-erint	terru-erint	audīv-erint	mīs-erint	cēp-erint

Konjunktiv Aktiv

Perfekt

ā-Konjugation	ē-Konjugation	ī-Konjugation	kons. Konjugation	kons. Konjugation + i
vocāv-eri-m	terru-erim	audīv-erim	mīs-erim	cēp-erim
vocāv-eri-s	terru-eris	audīv-eris	mīs-eris	cēp-eris
vocāv-eri-t	terru-erit	audīv-erit	mīs-erit	cēp-erit
vocāv-eri-mus	terru-erimus	audīv-erimus	mīs-erimus	cēp-erimus
vocāv-eri-tis	terru-eritis	audīv-eritis	mīs-eritis	cēp-eritis
vocāv-eri-nt	terru-erint	audīv-erint	mīs-erint	cēp-erint

Plusquamperfekt

ā-Konjugation	ē-Konjugation	ī-Konjugation	kons. Konjugation	kons. Konjugation + i
vocāv-isse-m	terru-isse-m	audīv-isse-m	mīs-isse-m	cēp-isse-m
vocāv-issē-s	terru-issē-s	audīv-issē-s	mīs-issē-s	cēp-issē-s
vocāv-isse-t	terru-isse-t	audīv-isse-t	mīs-isse-t	cēp-isse-t
vocāv-issē-mus	terru-issē-mus	audīv-issē-mus	mīs-issē-mus	cēp-issē-mus
vocāv-issē-tis	terru-issē-tis	audīv-issē-tis	mīs-issē-tis	cēp-issē-tis
vocāv-isse-nt	terru-isse-nt	audīv-isse-nt	mīs-isse-nt	cēp-isse-nt

Weitere Aktiv-Formen

Infinitv der Vorzeitigkeit				
ā-Konjugation	ē-Konjugation	ī-Konjugation	kons. Konjugation	kons. Konjugation + i
vocāv-isse	terru-isse	audīv-isse	mīs-isse	cēp-isse

Indikativ Passiv (Hier nur 1. Person Singular m.)

ā-Konjugation	ē-Konjugation	ī-Konjugation	kons. Konjugation	kons. Konjugation + i
Perfekt				
vocātus sum	territus sum	audītus sum	missus sum	captus sum
Plusquamperfekt				
vocātus eram	territus eram	audītus eram	missus eram	captus eram
Futur 2				
vocātus erō	territus erō	audītus erō	missus erō	captus erō

Konjunktiv Passiv (Hier nur 1. Person Singular m.)

ā-Konjugation	ē-Konjugation	ī-Konjugation	kons. Konjugation	kons. Konjugation + i
Perfekt				
vocātus sim	territus sim	audītus sim	missus sim	captus sim
Plusquamperfekt				
vocātus essem	territus essem	audītus essem	missus essem	captus essem

Weitere Passiv-Formen

ā-Konjugation	ē-Konjugation	ī-Konjugation	kons. Konjugation	kons. Konjugation + i
Infinitiv der Vorzeitigkeit				
vocātum, am, um esse	territum, am, um esse	audītum, am, um esse	missum, am, um esse	captum, am, um esse
Partizip der Vorzeitigkeit				
vocātus, a, um	territus, a, um	audītus, a, um	missus, a, um	captus, a, um

Verben mit Besonderheiten bei der Konjugation

esse (sein)

	Aktiv (esse)	
	Indikativ	Konjunktiv
Präsens	sum	sim
	es	sīs
	est	sit
	sumus	sīmus
	estis	sītis
	sunt	sint
Imperfekt	eram	essem
	erās	essēs
	erat	esset
	erāmus	essēmus
	erātis	essētis
	erant	essent
Futur 1	erō	
	eris	
	erit	
	erimus	
	eritis	
	erunt	
Imperativ	es	
	este	
Perfekt	fuī	fuerim
	fuistī	fueris
	fuit	fuerit
	fuimus	fuerimus
	fuistis	fueritis
	fuērunt	fuerint
Plusquamperfekt	fueram	fuissem
	fuerās	fuissēs
	…	…
Futur 2	fuerō	
	fueris	
	…	

Infinitiv d. Gleichzeitigkeit	esse
d. Vorzeitigkeit	fuisse
d. Nachzeitigkeit	futūrum, am, um esse (fore)

fierī (werden; geschehen; gemacht werden)

	Indikativ	Konjunktiv
Präsens	fīō	fīam
	fīs	fīās
	fit	fīat
	fīmus	fīāmus
	fītis	fīātis
	fīunt	fīant
Imperfekt	fīēbam	fierem
	fīēbās	fierēs
	…	…
Futur 1	fīam	
	fīēs	
	…	
Perfekt	factus sum	factus sim
	factus es	factus sīs
	…	…
Plusquamperfekt	factus eram	factus essem
	factus erās	factus essēs
	…	…
Futur 2	factus erō	
	factus eris	
	…	
Infinitiv d. Gleichzeitigkeit	fierī	
d. Vorzeitigkeit	factum, am, um esse	

posse (können) / prōdesse (nützen)

	Indikativ		Konjunktiv	
	posse	prōdesse	posse	prōdesse
Präsens	pos-sum	prō-sum	pos-sim	prō-sim
	pot-es	prōd-es	pos-sīs	prō-sīs
	pot-est	prōd-est	pos-sit	prō-sit
	pos-sumus	prō-sumus	pos-sīmus	prō-sīmus
	pot-estis	prōd-estis	pos-sītis	prō-sītis
	pos-sunt	prō-sunt	pos-sint	prō-sint
Imperfekt	pot-eram	prōd-eram	pos-sem	prōd-essem
	pot-erās	prōd-erās	pos-sēs	prōd-essēs
	…	…	…	…
Futur 1	pot-erō	prōd-erō		
	pot-eris	prōd-eris		
	…	…		
Imperativ		prōd-es		
		prōd-este		
Perfekt	potu-ī	prō-fuī	potu-erim	prō-fuerim
	potu-istī	prō-fuistī	potu-eris	prō-fueris
	…	…	…	…
Plusquamper-fekt	potu-eram	prō-fueram	potu-issem	prō-fuissem
	potu-erās	prō-fuerās	potu-issēs	prō-fuissēs
	…	…	…	…
Futur 2	potu-erō	prō-fuerō		
	potu-eris	prō-fueris		
	…	…		
Infinitiv d. Gleichzeitigkeit	posse	prōd-esse		
d. Vorzeitigkeit	potu-isse	prō-fuisse		

ferre (bringen, tragen; ertragen)

	Aktiv		Passiv	
	Indikativ	Konjunktiv	Indikativ	Konjunktiv
Präsens	ferō	feram	feror	ferar
	fers	ferās	ferris	ferāris
	fert	ferat	fertur	ferātur
	ferimus	ferāmus	ferimur	ferāmur
	fertis	ferātis	feriminī	ferāminī
	ferunt	ferant	feruntur	ferantur
Imperfekt	ferēbam	ferrem	ferēbar	ferrer
	ferēbas	ferrēs	ferēbāris	ferrēris
	ferēbat	ferret	...	...
	ferēbāmus	ferrēmus		
	ferēbātis	ferrētis		
	ferēbant	ferrent		
Futur 1	feram		ferar	
	ferēs		ferēris	
	feret		ferētur	
	ferēmus		ferēmur	
	ferētis		ferēminī	
	ferent		ferentur	
Imperativ	fer			
	ferte			
Perfekt	tulī	tulerim	lātus sum	lātus sim
	tulistī	tuleris	lātus es	lātus sis
	tulit	tulerit	...	...
	tulimus	tulerimus		
	tulistis	tuleritis		
	tulērunt	tulerint		
Plusquam-perfekt	tuleram	tulissem	lātus eram	lātus essem
	tulerās	tulissēs	lātus erās	lātus essēs
	...	...	...	...
Futur 2	tulerō			
	tuleris			
Infinitiv d. Gleichzeitigkeit	ferre		ferrī	

d. Nachzeitigkeit	lātūrum, am, um esse	
d. Vorzeitigkeit	tulisse	lātum, am, um esse
Partizip d. Gleichzeitigkeit	ferēns, ferentis	
d. Nachzeitigkeit	lātūrus, a, um	
d. Vorzeitigkeit		lātus, a, um
Gerundium	ferendī	
Gerundivum		ferendus, a, um

īre (gehen)

	Aktiv	
	Indikativ	Konjunktiv
Präsens	eō	eam
	īs	eās
	it	eat
	īmus	eāmus
	ītis	eātis
	eunt	eant
Imperfekt	ībam	īrem
	ībās	īrēs
	ībat	īret
	ībāmus	īrēmus
	ībātis	īrētis
	ībant	īrent
Futur 1	ībō	
	ībis	
	ībit	
	ībimus	
	ībitis	
	ībunt	
Imperativ	ī	
	īte	

Perfekt	iī	ierim
	istī	ieris
	iit	ierit
	iimus	ierimus
	īstis	ieritis
	iērunt	ierint
Plusquam-perfekt	ieram	īssem
	ierās	īssēs
	…	…
Futur 2	ierō	
	ieris	
	…	
Infinitiv d. Gleichzeitigkeit	īre	
d. Nachzeitigkeit	itūrum, am, um esse	
d. Vorzeitigkeit	īsse	
Partizip d. Gleichzeitigkeit	iēns, euntis	
d. Nachzeitigkeit	itūrus, a, um	
Gerundium	eundī	

velle (wollen), nōlle (nicht wollen), mālle (lieber wollen)

Indikativ					
Präsens	1. Pers. Sg.	volō	nōlō	mālō
	2. Pers. Sg.	vīs	nōn vīs	māvīs
	3. Pers. Sg.	vult	nōn vult	māvult
	1. Pers. Pl.	volumus	nōlumus	mālumus
	2. Pers. Pl.	vultis	nōn vultis	māvultis
	3. Pers. Pl.	volunt	nōlunt	mālunt
Imperfekt	1. Pers. Sg.	volēbam	nōlēbam	mālēbam
	2. Pers. Sg.	volēbās	nōlēbās	mālēbās
		…	…	…

Perfekt	1. Pers. Sg.	voluī	nōluī	māluī
	2. Pers. Sg.	voluistī	nōluistī	māluistī
		…	…	…
Plusquam-perfekt	1. Pers. Sg.	volueram	nōlueram	mālueram
	2. Pers. Sg.	voluerās	nōluerās	māluerās
		…	…	…
Futur	1. Pers. Sg.	volam	nōlam	mālam
	2. Pers. Sg.	volēs	nōlēs	mālēs
		…	…	…
Konjunktiv				
Präsens	1. Pers. Sg.	velim	nōlim	mālim
	2. Pers. Sg.	velīs	nōlīs	mālīs
	3. Pers. Sg.	velit	nōlit	mālit
	1. Pers. Pl.	velīmus	nōlīmus	mālīmus
	2. Pers. Pl.	velītis	nōlītis	mālītis
	3. Pers. Pl.	velint	nōlint	mālint
Imperfekt	1. Pers. Sg.	vellem	nōllem	māllem
	2. Pers. Sg.	vellēs	nōllēs	māllēs
		…	…	…
Plusquam-perfekt	1. Pers. Sg.	voluissem	nōluissem	māluissem
	2. Pers. Sg.	voluissēs	nōluissēs	māluissēs
		…	…	…
Infinitiv				
d. Gleichzeitigkeit		velle	nōlle	mālle
d. Vorzeitigkeit		voluisse	nōluisse	māluisse
Imperativ				
			nōlī	
			nōlīte	
Partizip				
d. Gleichzeitigkeit		volēns, volentis	nōlēns, nōlentis	

Stammformen

abesse	absum	āfuī	–	abwesend sein
accēdere	accēdō	accēssī	accessum	herankommen, sich nähern
accendere	accendō	accendī	accēnsum	anzünden, entzünden, entflammen
accidere	accidō	accidī	–	vorfallen, sich ereignen
accipere	accipiō	accēpī	acceptum	annehmen, empfangen
addere	addō	addidī	additum	hinzutun; hinzufügen
adesse	adsum	adfuī	–	da sein; helfen
adimere	adimō	adēmī	ademptum	wegnehmen; an sich nehmen
adīre	adeō	adiī	aditum	aufsuchen
adiuvāre	adiuvō	adiūvī	adiūtum	unterstützen; helfen
advenīre	adveniō	advēnī	adventum	ankommen, sich nähern
afferre	afferō	attulī	allātum	herbeibringen
afficere	afficiō	affēcī	affectum	*mit etw.* versehen
agere	agō	ēgī	āctum	tun; machen; treiben; betreiben
alere	alō	aluī	altum	ernähren
animadvertere	animadvertō	animadvertī	animadversum	bemerken; tadeln; bestrafen
aperīre	aperiō	aperuī	apertum	öffnen
appārēre	appāreō	appāruī	–	erscheinen
arripere	arripiō	arripuī	arreptum	an sich reißen, ergreifen
ascendere	ascendō	ascendī	ascēnsum	hinaufsteigen
auferre	auferō	abstulī	ablātum	wegtragen, wegschaffen
augēre	augeō	auxī	auctum	vermehren, vergrößern
āvertere	āvertō	āvertī	āversum	abwenden, abkehren
bibere	bibō	bibī	–	trinken
caedere	caedō	cecīdī	caesum	fällen; töten
capere	capiō	cēpī	captum	fassen, fangen
carēre	careō	caruī	– *m. Abl.*	entbehren
cēnsēre	cēnseō	cēnsuī	cēnsum	meinen
cernere	cernō	crēvī	crētum	wahrnehmen, entscheiden
cōgere	cōgō	coēgī	coāctum	zusammentreiben; zwingen
cōgnōscere	cōgnōscō	(cōg)nōvī	cōgnitum	erfahren; kennen lernen
colere	colō	coluī	cultum	bebauen, pflegen, verehren
committere	committō	commīsī	commissum	veranstalten; anvertrauen
commovēre	commoveō	commōvī	commōtum	(innerlich) bewegen
condere	condō	condidī	conditum	gründen
cōnficere	cōnficiō	cōnfēcī	cōnfectum	zustande bringen, vollenden; erschöpfen
cōnfitērī	cōnfiteor	cōnfessus sum		gestehen, bekennen

Stammformen 145

cōnsentīre	cōnsentiō	cōnsēnsī	cōnsēnsum	übereinstimmen, einer Meinung sein
cōnsistere	cōnsistō	cōnstitī	–	Halt machen, stehen bleiben
cōnstat	cōnstitit			es ist bekannt, es steht fest
cōnstituere	cōnstituō	cōnstituī	cōnstitūtum	aufstellen, festsetzen, errichten
cōnstruere	cōnstruō	cōnstrūxī	cōnstrūctum	(er)bauen, errichten
cōnsulere	cōnsulō	cōnsuluī	cōnsultum	1. m. Dat.: sorgen für 2. m. Akk.: um Rat fragen 3. sich beraten
contemnere	contemnō	contempsī	contemptum	verachten, gering schätzen
continēre	contineō	continuī	contentum	enthalten, umfassen
convenīre	conveniō	convēnī	conventum	zusammenkommen; treffen
convertere	convertō	convertī	conversum	umwenden, verändern; bekehren
convincere	convincō	convīcī	convictum	*eines Verbrechens* überführen
crēdere	crēdō	crēdidī	creditum	glauben, meinen; vertrauen
cupere	cupiō	cupīvī *u.* cupiī	cupītum	wünschen, wollen
currere	currō	cucurrī	cursum	laufen
dare	dō	dedī	datum	geben
decet *(von* decēre; nur Inf. und 3. Pers. Sg.)*	decuit			es gehört sich; *m. Akk.:* es ziemt sich *für*
dēcipere	dēcipiō	dēcēpī	dēceptum	täuschen
dēesse	dēsum	dēfuī	–	fehlen
dēdere	dēdō	dēdidī	dēditum	übergeben, ausliefern
dēfendere	dēfendō	dēfendī	dēfensum	abwehren, verteidigen
dēferre	dēferō	dētulī	dēlātum	überbringen; anzeigen
dēficere	dēficiō	dēfēcī	dēfectum	abnehmen, mangeln, ausbleiben
dēlēre	dēleō	dēlēvī	dēlētum	zerstören
dēpellere	dēpellō	dēpulī	dēpulsum	vertreiben
dēscendere	dēscendō	dēscendī	dēscēnsum	herabsteigen
dēserere	dēserō	dēseruī	dēsertum	verlassen, im Stich lassen
dēsinere	dēsinō	dēsiī	dēsitum	aufhören
dētinēre	dētineō	dētinuī	dētentum	abhalten
dīcere	dīcō	dīxī	dictum	sagen
dīligere	dīligō	dīlēxī	dīlēctum	schätzen, lieben
dīmittere	dīmittō	dīmīsī	dīmissum	entlassen, fortschicken
discēdere	discēdō	discessī	discessum	weggehen
dispōnere	dispōnō	disposuī	dispositum	verteilen, ordnen, anlegen
distāre ab	distō	–	–	entfernt sein von; sich unterscheiden von
docēre	doceō	docuī	doctum	lehren

dolēre	doleō	doluī	–	Schmerz empfinden; traurig sein; bedauern
dūcere	dūcō	dūxī	ductum	führen
efficere	efficiō	effēcī	effectum	bewirken, hervorbringen
effugere	effugiō	effūgī	–	(ent)fliehen
egēre	egeō	eguī	– m. Abl.	entbehren; nötig haben
ēligere	ēligō	ēlēgī	ēlēctum	auswählen
esse	sum	fuī	–	sein
exhaurīre	exhauriō	exhausī	exhaustum	ausschöpfen, leeren
exigere	exigō	exēgī	exāctum	fordern; ausführen, vollenden
exīre	exeō	exiī	exitum	hinausgehen
expellere	expellō	expulī	expulsum	vertreiben
exstruere	exstruō	exstrūxī	exstrūctum	aufbauen, errichten
facere	faciō	fēcī	factum	machen, tun, herstellen
ferre	ferō	tulī	lātum	bringen, tragen; ertragen
fierī	fīō	factus sum		werden; geschehen; gemacht werden
flēre	fleō	flēvī	flētum	weinen
fundere	fundō	fūdī	fūsum	ausgießen, zerstreuen
gaudēre	gaudeō	gāvīsus sum		sich freuen
gemere	gemō	gemuī	gemitum	seufzen; stöhnen
gerere	gerō	gessī	gestum	tragen; (aus)führen
gignere	gignō	genuī	genitum	erzeugen, hervorbringen
gradī	gradior	gressus sum		(be)schreiten
implēre	impleō	implēvī	implētum	erfüllen
impōnere	impōnō	imposuī	impositum	auf etw. setzen, stellen, legen
incēdere	incēdō	incessī	incessum	einhergehen; eindringen
incendere	incendō	incendī	incēnsum	anzünden, in Brand stecken
incipere	incipiō	coepī	coeptum	anfangen, beginnen
īnferre	īnferō	intulī	illātum	hineintragen, zufügen
īnscrībere	īnscrībō	īnscrīpsī	īnscrīptum	mit einer Inschrift versehen, betiteln
īnstruere	īnstruō	īnstrūxī	īnstrūctum	unterrichten, unterweisen
intellegere	intellegō	intellēxī	intellēctum	erkennen; verstehen, einsehen
interesse	intersum	interfuī	–	dabei sein; teilnehmen
interficere	interficiō	interfēcī	interfectum	töten
invenīre	inveniō	invēnī	inventum	finden
īre	eō	iī	itum	gehen
iubēre	iubeō	iussī	iussum	beauftragen, befehlen
lavāre	lavō	lāvī	lautum/lavātum	waschen
lavārī	lavor	lautus/lavātus sum		sich waschen, baden

legere	legō	lēgī	lēctum	lesen
loquī	loquor	locūtus sum		reden, sprechen
maledīcere	maledīcō	maledīxī	maledictum *m. Dat.*	*jdn.* schmähen, beleidigen
mālle	mālō	māluī	–	lieber wollen
manēre	maneō	mānsī	mānsum	bleiben
mittere	mittō	mīsī	missum	loslassen, schicken
movēre	moveō	mōvī	mōtum	bewegen
nōlle	nōlō	nōluī	–	nicht wollen
nūbere	nūbō	nūpsī	nūptum *m. Dat.*	*jdn.* heiraten *(von der Frau aus gesehen)*
obīre	obeō	obiī	obitum	entgegengehen
oblīvīscī	oblīvīscor	oblītus sum *m. Akk. od. Gen.*		*etw.* vergessen
obsīdere	obsīdō	obsēdī	obsessum	besetzen
occidere	occidō	occidī	occāsum	untergehen; sterben
offendere	offendō	offendī	offēnsum	verletzen, beleidigen
offerre	offerō	obtulī	oblātum	anbieten
oportet	oportuit	(*Inf.:* oportēre)		es ist nötig
opprimere	opprimō	oppressī	oppressum	überfallen; niederdrücken
pārēre	pāreō	pāruī	–	gehorchen
parere	pariō	peperī	partum	hervorbringen, erzeugen
perdere	perdō	perdidī	perditum	zugrunde richten, vernichten
pergere	pergō	perrēxī	perrēctum	fortfahren
permittere	permittō	permīsī	permissum	erlauben, zulassen
pervenīre	perveniō	pervēnī	perventum	hinkommen, (hin)gelangen
placēre	placeō	placuī	placitum	gefallen
pollicērī	polliceor	pollicitus sum		versprechen
pōnere	pōnō	posuī	positum	setzen, stellen, legen
posse	possum	potuī	–	können
praeficere	praeficiō	praefēcī	praefectum *m. Dat.*	an die Spitze stellen
praestāre	praestat	praestitit	–	es ist besser
prōdesse	prōsum	prōfuī	–	nützen
prōmittere	prōmittō	prōmīsī	prōmissum	versprechen
quaerere	quaerō	quaesīvī	quaesītum	suchen; fragen nach
querī	queror	questus sum		sich beklagen
quiēscere	quiēscō	quiēvī	quiētum	ruhen
rādere	rādō	rāsī	rāsum	rasieren
rapere	rapiō	rapuī	raptum	eilig ergreifen; rauben
reddere	reddō	reddidī	redditum	zurückgeben
redīre	redeō	rediī	reditum	zurückgehen
redūcere	redūcō	redūxī	reductum	zurückführen

referre	referō	rettulī	relātum	bringen, berichten
relinquere	relinquō	relīquī	relictum	verlassen; zurücklassen
repellere	repellō	reppulī	repulsum	zurückschlagen
reperīre	reperiō	repperī	repertum	finden, entdecken
respondēre	respondeō	respondī	respōnsum	antworten; Bescheid geben
restāre	restō	restitī	–	übrig bleiben
retinēre	retineō	retinuī	retentum	zurückhalten
revertī	revertor	revertī	–	zurückkehren
rīdēre	rīdeō	rīsī	rīsum	lachen
sapere	sapiō	sapīvī/sapiī	–	weise/klug sein, seinen Verstand gebrauchen
scīre	sciō	scīvī u. sciī	scītum	wissen
scrībere	scrībō	scrīpsī	scrīptum	schreiben
sequī	sequor	secūtus sum m. Akk.		folgen
servīre	serviō	–	–	dienen, Sklave sein
solēre	soleō	solitus sum		pflegen, gewohnt sein
subicere	subiciō	subiēcī	subiectum	unterwerfen
subīre	subeō	subiī	subitum	unter etw. gehen, auf sich nehmen
superesse	supersum	superfuī	–	übrig sein; überleben; (reichlich) vorhanden sein
tegere	tegō	tēxī	tēctum	(be)decken
timēre	timeō	timuī	–	fürchten
tollere	tollō	sustulī	sublātum	auf-, emporheben; beseitigen
trādere	trādō	trādidī	trāditum	übergeben, anvertrauen; überliefern
trahere	trahō	trāxī	tractum	ziehen; schleppen
trānsīre	trānseō	trānsiī	trānsitum	(hin)übergehen; überschreiten
ūtī	ūtor	ūsus sum m. Abl.		benutzen, gebrauchen
velle	volō	voluī	–	wollen
vendere	vendō	vendidī	venditum	verkaufen
venīre	veniō	vēnī	ventum	kommen
vidēre	videō	vīdī	vīsum	sehen
vidērī	videor	vīsus sum		scheinen
vincere	vincō	vīcī	victum	(be)siegen
vīvere	vīvō	vīxī	–	leben

Perfektstämme

1. Person Perfekt Aktiv	Infinitiv Präsens Aktiv
abstulī	auferre
accendī	accendere
accēpī	accipere
accessī	accēdere
accidī	accidere
addidī	addere
adēmī	adimere
adfuī	adesse
adiī	adīre
adiūvī	adiuvāre
advēnī	advenīre
affēcī	afficere
āfuī	abesse
aluī	alere
animadvertī	animadvertere
aperuī	aperīre
arripuī	arripere
ascendī	ascendere
attulī	afferre
auxī	augēre
āvertī	āvertere
bibī	bibere
cecidī	caedere
cēnsuī	cēnsēre
cēpī	capere
coēgī	cōgere
coepī	incipere
cōgnōvī	cōgnōscere
coluī	colere
commīsī	committere
commōvī	commovēre
condidī	condere
cōnfēcī	cōnficere
cōnfessus sum	cōnfitērī
cōnsēnsī	cōnsentīre
cōnstitī	cōnsistere
cōnstitit	cōnstat
cōnstituī	cōnstituere
cōnstrūxī	cōnstruere
cōnsuluī	cōnsulere
contempsī	contemnere
convēnī	convenīre
convertī	convertere
convīcī	convincere
crēdidī	crēdere
crēvī	cernere
cucurrī	currere
cupiī	cupere
cupīvī	cupere
dēcēpī	dēcipere
dedī	dare
dēdidī	dēdere
dēfēcī	dēficere
dēfendī	dēfendere
dēfuī	dēesse
dēlēvī	dēlēre
dēpulī	dēpellere
dēscendī	dēscendere
dēseruī	dēserere
dēsiī	dēsinere
dētulī	dēferre
dīlēxī	dīligere
dīmīsī	dīmittere
discessī	discēdere
disposuī	dispōnere
dīxī	dīcere
dūxī	dūcere
effēcī	efficere
effūgī	effugere
ēgī	agere
ēlēgī	ēligere
exēgī	exigere
exiī	exīre
expulī	expellere
exstrūxī	exstruere
factus sum	fierī
fēcī	facere

flēvī	flēre	permīsī	permittere
fūdī	fundere	perrēxī	pergere
fuī	esse	pervēnī	pervenīre
gāvīsus sum	gaudēre	posuī	pōnere
gemuī	gemere	potuī	posse
genuī	gignere	praefēcī	praeficere
gessī	gerere	praestitit	praestat
gressus sum	gradī	prōfuī	prōdesse
exhausī	exhaurīre	prōmīsī	prōmittere
implēvī	implēre	quaesīvī	quaerere
imposuī	impōnere	questus sum	querī
incendī	incendere	quiēvī	quiēscere
incessī	incēdere	rāsī	rādere
īnscrīpsī	īnscrībere	rapuī	rapere
īnstrūxī	īnstruere	reddidī	reddere
intellēxī	intellegere	rediī	redīre
interfēcī	interficere	redūxī	redūcere
interfuī	interesse	relīquī	relinquere
intulī	īnferre	repperī	reperīre
invēnī	invenīre	reppulī	repellere
iussī	iubēre	respondī	respondēre
lautus sum	lavārī	restitī	restāre
lavātus sum	lavārī	rettulī	referre
lāvī	lavāre	revertī	revertī
lēgī	legere	rīsī	rīdēre
locūtus sum	loquī	sapīvī/sapiī	sapere
maledīxī	maledīcere	scīvī/sciī	scīre
māluī	mālle	scrīpsī	scrībere
mānsī	manēre	secūtus sum	sequī
mīsī	mittere	solitus sum	solēre
mōvī	movēre	subiēcī	subicere
nōluī	nōlle	subiī	subīre
nōvī	cōgnōscere	superfuī	superesse
nūpsī	nūbere	sustulī	tollere
obiī	obīre	tēxī	tegere
oblītus sum	oblīvīscī	trādidī	trādere
obsēdī	obsīdere	trānsiī	trānsīre
obtulī	offerre	trāxī	trahere
occidī	occidere	tulī	ferre
offendī	offendere	ūsus sum	ūtī
oppressī	opprimere	vendidī	vendere
peperī	parere	vēnī	venīre
perdidī	perdere	vīcī	vincere

vīdī	vidēre	vīxī	vīvere
vīsus sum	vidērī	voluī	velle

Grammatische Begriffe

Ablativ	5. Fall im Lateinischen, meist für adverbiale Bestimmungen gebraucht
ablativus absolutus	Wortblock, bestehend aus einem Nomen im Ablativ und einem Partizip im Ablativ (KNG-Kongruenz)
ablativus causae	Ablativ des Grundes
ablativus comparationis	Ablativ des Vergleichs
ablativus instrumenti	Ablativ des Mittels/Werkzeugs
ablativus limitationis	Ablativ der Beziehung
ablativus loci	Ablativ des Ortes
ablativus modi	Ablativ der Art und Weise
ablativus pretii	Ablativ des Wertes
ablativus qualitatis	Ablativ der Eigenschaft
ablativus separativus	Ablativ der Trennung
ablativus sociativus	Ablativ der Begleitung
ablativus temporis	Ablativ der Zeit
aci	Akkusativ mit Infinitiv
Adjektiv	Eigenschaftswort, Wie-Wort
adjektivisches Interrogativpronomen	Fragewort, das sich wie ein Adjektiv an sein Beziehungswort angleicht (z.B. welcher?, welche?, welches?)
Adverb	Umstandswort
adverbiale Bestimmung	Umstandsbestimmung (Satzglied), bestimmt das Prädikat näher
adverbialer Gliedsatz	Gliedsatz, füllt die Satzstelle adverbiale Bestimmung
Akkusativ	4. Fall (Wen-Fall)
Akkusativ der Ausdehnung	Akkusativ, der ein zeitliches oder räumliches Maß angibt (Frage: »Wie lang(e)?/Wie breit?/Wie tief?«)
Aktiv	Tätigkeitsform des Verbs (Gegensatz zu Passiv)
Apposition	nähere Bestimmung durch ein Substantiv im gleichen Kasus (z.B. an Atticus, seinen Freund)
Artikel	Geschlechtswort (z.B. der, die, das)
Attribut	Satzglied: Beifügung zu einem Substantiv
Attributivsatz	Gliedsatz, füllt die Satzstelle Attribut
coniunctivus adhortativus	Konjunktiv, der eine Aufforderung bezeichnet
coniunctivus deliberativus/dubitativus	Konjunktiv, der eine Überlegung oder einen Zweifel ausdrückt
coniunctivus iussivus	Konjunktiv, der einen Befehl bezeichnet
coniunctivus prohibitivus	Konjunktiv, der ein an die 2. Person gerichtetes Verbot bezeichnet (ne mit Konjunktiv Perfekt)
consecutio temporum	Zeitenfolge in konjunktivischen Satzgefügen
Dativ	3. Fall (Wem-Fall)
dativus auctoris	Dativ des Urhebers

dativus commodi	Dativ des Vorteils
dativus finalis	Dativ des Zwecks
dativus possessivus	Dativ des Besitzers
Dehnungsperfekt	Bildeweise des Perfekts, bei der der Stammvokal gedehnt wird
Deklination	Gruppe, zu der ein Nomen gehört
deklinieren	Nomina beugen, d.h. in die verschiedenen Fälle setzen
Demonstrativpronomen	hinweisendes Fürwort (z.B. dieser, diese, dieses; jener, jene, jenes)
Deponens	Verb mit passiven Formen, die aktivisch übersetzt werden
durativ	die Dauer bezeichnend
Elativ	Superlativ, der nicht die Höchststufe, sondern nur eine sehr hohe Stufe bezeichnet (Übersetzung mit sehr/besonders o. Ä.)
Ellipse	Stilmittel: Das Prädikat wird ausgelassen.
feminin	weiblich
flektieren	beugen
Futur	Zukunft; Futur 1: einfache Zukunft; Futur 2: vollendete Zukunft, vorzeitig zu einem Futur 1
Genitiv	2. Fall (Wes-Fall)
genitivus explicativus	Genitiv, der eine Erklärung bezeichnet
genitivus possessivus	Genitiv des Besitzers
genitivus obiectivus	Genitiv, der das logische Objekt bezeichnet
genitivus partitivus	Genitiv, der zu einer Teilmenge die Gesamtmenge angibt
genitivus subiectivus	Genitiv, der das logische Subjekt bezeichnet
Genus	Geschlecht (maskulin, feminin, Neutrum)
Genus verbi	Oberbegriff für Aktiv – Passiv
Gliedsatz	Satz, der nicht selbstständig stehen kann, erkennbar an der Einleitung durch eine Subjunktion, ein Relativpronomen oder – wenn es sich um einen indirekten Fragesatz handelt – ein Interrogativpronomen
Hauptsatz	Satz, der selbstständig stehen kann
Hendiadyoin	Stilmittel: Zwei bedeutungsähnliche Begriffe werden nebeneinander gestellt.
Hilfsverb	Verb, das einer Ergänzung bedarf, damit das Prädikat vollständig ist
Imperativ	Modus des Verbs: Befehlsform
Imperfekt	Vergangenheitstempus, das im Lateinischen die Dauer, Wiederholung oder den Versuch bezeichnet
imperfectum de conatu	Imperfekt, das den Versuch bezeichnet
Indefinitpronomen	unbestimmtes Fürwort (z.B. irgendeiner)
Indikativ	Modus des Verbs: Wirklichkeitsform

indirekter Fragesatz	abhängiger Fragesatz; Gliedsatz, der durch ein Verb des Fragens eingeleitet wird, sich aber nicht direkt an ein Gegenüber richtet (Gegensatz: direkte Frage)
Infinitiv	Grundform des Verbs
Interrogativpronomen	Fragefürwort
intransitives Verb	Verb, das kein Akkusativobjekt haben kann
inversum	umgedreht
Irrealis	Konjunktiv, der einen als nichtwirklich oder als unmöglich dargestellten Sachverhalt bezeichnet
iterativ	eine ständige Wiederholung bezeichnend
Kasus	Fall
kausal	einen Grund bezeichnend
KNG-Kongruenz	Übereinstimmng in Kasus, Numerus und Genus
Komparation	Steigerung des Adjektivs oder Adverbs
Komparativ	1. Steigerungsstufe
komparativ	einen Vergleich bezeichnend
Kompositum	(mit einer Vorsilbe) zusammengesetztes Verb
konditional	eine Bedingung bezeichnend
Konjugation	Verbgruppe
konjugieren	ein Verb beugen (Person, Tempus, Genus verbi, Modus)
Konjunktion	Bindewort (z.B. und, aber, denn)
Konjunktiv	Modus des Verbs: Möglichkeitsform (Gegensatz zu Indikativ)
Konnektor	Verbindungswort (z.B. daher, denn)
konsekutiv	eine Folge bezeichnend
Konsonant	Mitlaut (Gegensatz zu Vokal/Selbstlaut; z.B. l, m, r)
konzessiv	einen Gegengrund oder eine Einschränkung bezeichnend
Kopula	Hilfsverb als Satzglied
Lokativ	Kasus, der bei Städtenamen eine Ortsangabe bezeichnet (z.B. Romae: in Rom)
maskulin	männlich
modal	die Art und Weise bezeichnend
Modus	Aussageform des Verbs (Indikativ, Imperativ, Konjunktiv)
Morphem	sprachliches Zeichen
narrativum	erzählend
nci	Nominativ mit Infinitiv
Neutrum	sächlich
Nomen	Oberbegriff für die Wortarten Substantiv, Adjektiv und Pronomen
nominaler ablativus absolutus	ablativus absolutus, bei dem an die Stelle eines Partizips ein Nomen tritt
Nominativ	1. Fall (Wer-Fall)

Numerus	Anzahl (Oberbegriff für Singular – Plural)
Objekt	Satzergänzung (Frage: »Wen/Was?«: Akkusativobjekt; Frage: »Wem?«: Dativobjekt)
Objektsakkusativ	Akkusativ im aci, der bei der Übersetzung mit einem dass-Satz zum Objekt wird
Objektsatz	Gliedsatz, der die Satzstelle Objekt füllt
oratio obliqua	indirekte Rede
participium coniunctum	verbundenes Partizip; gleicht sich an sein Beziehungswort in Kasus, Numerus und Genus an und bestimmt zugleich das Prädikat näher
Partikel	undeklinierbares Wort
Partizip	Mittelwort (z.B. Partizip der Vorzeitigkeit: gerufen; Partizip der Gleichzeitigkeit: rufend)
Passiv	Leideform des Verbs (z.B. ich werde gelobt)
Perfekt	lateinische Erzählzeit
Personalpronomen	persönliches Fürwort (z.B. ich, du ...)
Plural	Mehrzahl
Plusquamperfekt	vollendete Vergangenheit, drückt die Vorzeitigkeit zu einer vergangenen Handlung aus
Positiv	Grundstufe des Adjektivs (bei der Steigerung)
Possessivpronomen	besitzanzeigendes Fürwort (z.B. mein, dein ...)
Potentialis	Konjunktiv, der eine Möglichkeit bezeichnet
Prädikat	Satzaussage (Frage: »Was wird ausgesagt?«)
Prädikativum	Satzglied im lateinischen Satz, das sich an ein Beziehungswort angleicht und das Prädikat näher bestimmt; die Satzstelle kann durch ein Adjektiv oder Substantiv gefüllt sein.
Prädikatsnomen	Satzglied: Ergänzung zur Kopula
praesens historicum	historisches Präsens, steht statt eines erzählenden Perfekts, um dem Leser die Handlung lebendig vor Augen zu führen
Präfix	Vorsilbe
Präposition	Verhältniswort (z.B. in, an, auf, bei, wegen ...)
Präsens	Gegenwart
präsentisches Perfekt	Perfekt mit Präsensbedeutung (z.B. ich habe kennen gelernt → ich kenne) = resultatives Perfekt
Prohibitiv	Konjunktiv, der ein an die 2. Person gerichtetes Verbot bezeichnet (ne mit Konjunktiv Perfekt)
Pronomen	Fürwort, Stellvertreter
Pronominaladjektiv	Adjektiv, das wie einige Pronomina den Genitiv auf -ius und den Dativ auf -i bildet
Realis	Indikativ im konditionalen Satzgefüge, der einen Sachverhalt als Tatsache hinstellt

Reduplikationsperfekt	Perfektbildung, bei der der Präsensstamm verdoppelt wird (z.B. dare → dedi)
reflexiv	rückbezüglich
Reflexivpronomen	rückbezügliches Fürwort (z.B. sich)
relativischer Anschluss	Am Anfang eines lateinischen Satzes steht ein Relativpronomen, das im Deutschen mit dem Demonstrativpronomen wiedergegeben wird.
Relativpronomen	bezügliches Fürwort, leitet einen Relativsatz ein (z.B. der, die, das; welcher, welcher, welches)
Relativsatz	Attributivsatz, der durch ein Relativpronomen eingeleitet wird
resultatives Perfekt	vgl. präsentisches Perfekt (S. 155)
Satzgefüge	besteht aus Haupt- und Gliedsatz/-sätzen
Satzreihe	Aufeinanderfolge von Hauptsätzen
Semantik	Bedeutung
semantische Funktion	Bedeutung im Satz
Semideponens	Verb, das in Präsens, Imperfekt und Futur 1 aktive Formen mit aktiver Bedeutung hat, sich aber in Perfekt und Plusquamperfekt wie ein Deponens verhält, oder umgekehrt
Singular	Einzahl
Stammperfekt	Bildeweise des Perfekts, bei der gegenüber dem Präsensstamm keine Veränderung eintritt
Subjekt	Satzgegenstand (Frage: »Wer?/Was?«)
Subjektsakkusativ	Akkusativ im aci, der bei der Übersetzung mit einem dass-Satz zum Subjekt wird
Subjunktion	unterordnendes Bindewort (z.B. da, weil, dass)
Substantiv	Haupt-/Namenwort
Suffix	Nachsilbe
Superlativ	2. (höchste) Steigerungsstufe
syntaktische Funktion	Aufgabe als Satzglied
temporal	zeitlich
Tempus	Zeit
transitives Verb	Verb, das ein Akkusativobjekt haben kann
Vollverb	Verb, das im Satz allein das Prädikat bilden kann (Gegensatz: Hilfsverb)
Verb	Zeit-/Tätigkeitwort
Vokal	Selbstlaut (a, e, i, o, u)
Vokativ	Kasus der Anrede

Index

Die Zahlen beziehen sich auf die Paragrafen der Grammatik.

Ablativ
   causae 36
   comparationis 139
   Formen 34
   instrumenti 36
   limitationis 52
   loci 36
   modi 36
   pretii 78
   qualitatis 123
   semantische Funktionen 36
   separativus 46
   sociativus 36
   temporis 36
ablativus absolutus
   nominaler ablativus absolutus 97
   semantische Funktionen 95
   syntaktische Funktion 93
   Übersetzungsmöglichkeiten 94
aci
   als Satzglied 27
   Erweiterungen 29
   Infinitiv Passiv 82
   Reflexivpronomen 44
   Übersetzung 28
   Zeitverhältnisse 56
Adjektiv
   als Attribut 7
   als Prädikativum 45
   als Prädikatsnomen 7
   der a- und o-Deklination 6; 9
   der i-Deklination 102
   der konsonantischen Deklination 147
   im Neutrum Plural 39
   Steigerung 133
   substantiviert 39
   unregelmäßige Steigerung 134

Adverb
   Bildung aus dem Adjektiv 137
   Steigerung 138
adverbiale Bestimmung 7
adverbiale Gliedsätze 71
Akkusativ 5; 9
   als adverbiale Bestimmung des Ortes 10
   als Objekt 7
   der Ausdehnung 32
   des Ausrufs 57
Aktiv – Passiv 79
aliqui(s), aliqua(e), aliquod/aliquid 99
Apposition 24
Artikel 2; 4
Attribut
   Adjektiv 7
   Apposition 24
   Genitiv 21
   Partizip 87
   Partizip der Gleichzeitigkeit (Partizip Präsens Aktiv) 127
Aussageformen des Verbs 103
Ausspracheregeln 1

Betonung 1
Bestimmung eines Substantivs 4

consecutio temporum 158
cum
   mit Indikativ 114
   mit Konjunktiv 113

Dativ
   als Satzglied 22
   auctoris 149
   commodi 22
   finalis 64

Formen 22
possessivus 22
Deklinationen
a-, o-, konsonantische Deklination (Übersicht) 23; 37
e-Deklination 26; 37
gemischte 77
i-Deklination, Adjektive 102
i-Deklination, Substantive 161
konsonantische Deklination, Adjektive 147
konsonantische Deklination, Neutrum 51
o-Deklination auf (e)r 16; 37
o-Deklination, Neutrum 20; 37
u-Deklination 65
Demonstrativpronomina
hic, haec, hoc 72
idem, eadem, idem 121
ille, illa, illud 72
is, ea, id 40
ista, ista, istud 72
Übersetzung des Neutrum Plural 76
Deponentien 124

Elativ 135
Ellipse 107
esse als Vollverb 30

ferre 98
fieri 140
finale Adverbialsätze 105
finale Objektsätze 105
Fragesätze
indirekte 122
Satzfragen 19
Wort- und Ergänzungsfragen 19
Futur 1
Formen 100
Infinitiv der Nachzeitigkeit Aktiv/Infinitiv Futur Aktiv 101
Partizip der Nachzeitigkeit/Partizip Futur 101
Futur 2 157

Genitiv
als Satzglied 21
explicativus 75
Formen 21
obiectivus 67
partitivus 31
possessivus 21; 115
subiectivus 66
Genus
beim Substantiv 4
verbi 79
Gerundium
Bildeweise 144
syntaktische und semantische Funktionen 143
Gerundivum
als Attribut 146
als Prädikativum 150
als Prädikatsnomen 149
bei Präpositionen 146
Bildeweise 145

Hendiadyoin 108
hic, haec, hoc 72
Hilfsverb 7

idem, eadem, idem 121
ille, illa, illud 72
Imperativ 13; 143; 155
Imperfekt
Bedeutung 60
Formen 62
Unterschied Perfekt – Imperfekt 61
in mit Akkusativ oder Ablativ 38
Indefinitpronomina 91
indirekte Fragesätze 122
indirekte Rede 159
im Deutschen 160
ipse, ipsa, ipsum 83
Irrealis 156
der Gegenwart 119
der Vergangenheit 118
Mischformen 120
is, ea, id
Formen 40

Index

Die Zahlen beziehen sich auf die Paragrafen der Grammatik.

Ablativ
  causae 36
  comparationis 139
  Formen 34
  instrumenti 36
  limitationis 52
  loci 36
  modi 36
  pretii 78
  qualitatis 123
  semantische Funktionen 36
  separativus 46
  sociativus 36
  temporis 36
ablativus absolutus
  nominaler ablativus absolutus 97
  semantische Funktionen 95
  syntaktische Funktion 93
  Übersetzungsmöglichkeiten 94
aci
  als Satzglied 27
  Erweiterungen 29
  Infinitiv Passiv 82
  Reflexivpronomen 44
  Übersetzung 28
  Zeitverhältnisse 56
Adjektiv
  als Attribut 7
  als Prädikativum 45
  als Prädikatsnomen 7
  der a- und o-Deklination 6; 9
  der i-Deklination 102
  der konsonantischen Deklination 147
  im Neutrum Plural 39
  Steigerung 133
  substantiviert 39
  unregelmäßige Steigerung 134

Adverb
  Bildung aus dem Adjektiv 137
  Steigerung 138
adverbiale Bestimmung 7
adverbiale Gliedsätze 71
Akkusativ 5; 9
  als adverbiale Bestimmung des Ortes 10
  als Objekt 7
  der Ausdehnung 32
  des Ausrufs 57
Aktiv – Passiv 79
aliqui(s), aliqua(e), aliquod/aliquid 99
Apposition 24
Artikel 2; 4
Attribut
  Adjektiv 7
  Apposition 24
  Genitiv 21
  Partizip 87
  Partizip der Gleichzeitigkeit (Partizip Präsens Aktiv) 127
Aussageformen des Verbs 103
Ausspracheregeln 1

Betonung 1
Bestimmung eines Substantivs 4

consecutio temporum 158
cum
  mit Indikativ 114
  mit Konjunktiv 113

Dativ
  als Satzglied 22
  auctoris 149
  commodi 22
  finalis 64

Formen 22
possessivus 22
Deklinationen
a-, o-, konsonantische Deklination (Übersicht) 23; 37
e-Deklination 26; 37
gemischte 77
i-Deklination, Adjektive 102
i-Deklination, Substantive 161
konsonantische Deklination, Adjektive 147
konsonantische Deklination, Neutrum 51
o-Deklination auf (e)r 16; 37
o-Deklination, Neutrum 20; 37
u-Deklination 65
Demonstrativpronomina
hic, haec, hoc 72
idem, eadem, idem 121
ille, illa, illud 72
is, ea, id 40
ista, ista, istud 72
Übersetzung des Neutrum Plural 76
Deponentien 124

Elativ 135
Ellipse 107
esse als Vollverb 30

ferre 98
fieri 140
finale Adverbialsätze 105
finale Objektsätze 105
Fragesätze
indirekte 122
Satzfragen 19
Wort- und Ergänzungsfragen 19
Futur 1
Formen 100
Infinitiv der Nachzeitigkeit Aktiv/Infinitiv Futur Aktiv 101
Partizip der Nachzeitigkeit/Partizip Futur 101
Futur 2 157

Genitiv
als Satzglied 21
explicativus 75
Formen 21
obiectivus 67
partitivus 31
possessivus 21; 115
subiectivus 66
Genus
beim Substantiv 4
verbi 79
Gerundium
Bildeweise 144
syntaktische und semantische Funktionen 143
Gerundivum
als Attribut 146
als Prädikativum 150
als Prädikatsnomen 149
bei Präpositionen 146
Bildeweise 145

Hendiadyoin 108
hic, haec, hoc 72
Hilfsverb 7

idem, eadem, idem 121
ille, illa, illud 72
Imperativ 13; 143; 155
Imperfekt
Bedeutung 60
Formen 62
Unterschied Perfekt – Imperfekt 61
in mit Akkusativ oder Ablativ 38
Indefinitpronomina 91
indirekte Fragesätze 122
indirekte Rede 159
im Deutschen 160
ipse, ipsa, ipsum 83
Irrealis 156
der Gegenwart 119
der Vergangenheit 118
Mischformen 120
is, ea, id
Formen 40

im Genitiv übersetzt als Possessivpronomen   41
iste, ista, istud   72

Komparation s. Steigerung
Komparativ   133; 134; 135
Konditionalsätze   156
Konjugationen
ā-, ē-, ī-Konjugation   12
kons. Konjugation mit
i-Erweiterung   25
Konjunktiv
adhortativus   109
deliberativus   109
dubitativus   109
Formen   106; 112; 117; 152
Funktionen   109; 110; 111; 116; 151; 154; 158
im Hauptsatz   104; 109
im Konsekutivsatz   110
im Relativsatz   153
in der indirekten Rede   159
in der indirekten Rede im Deutschen   160
in indirekten Fragesätzen   122
in ut- und ne-Sätzen   105; 110
Irrealis   118; 119; 120; 156
iussivus   109
optativus   104
Prohibitiv   154
Konsekutivsätze   110

Lokativ   58

malle   141
Modi (Aussageformen) des Verbs   163
Modi im Relativsatz   153

nci   155
ne nach Verben des Fürchtens und Hinderns   105
noli + Infinitiv   142
nolle   141
nominaler ablativus absolutus   97

oratio obliqua   159
Ortsangaben bei Städtenamen   58; 68

Partizip
als Attribut   87
der Gleichzeitigkeit (Partizip Präsens Aktiv)
als Attribut   126
als participium coniunctum   127
im ablativus absolutus   130
Bildung und Deklination   131
semantische Funktionen als participium coniunctum   129
Übersetzungsmöglichkeiten als participium coniunctum   128
der Vorzeitigkeit (Partizip Perfekt Passiv)
als Attribut   87
als participium coniunctum   86
Übersetzungsmöglichkeiten als participium coniunctum   88
semantische Funktionen als participium coniunctum   89
im ablativus absolutus: Zeitverhältnis   96
Zeitverhältnis   90
Passiv
Formen   80
Übersetzung   81
Perfekt
Dehnungsperfekt   55
Formen im Aktiv   55
Formen im Passiv   84
Funktion   54; 69
Reduplikationsperfekt   63
Stammperfekt   70
Unterschied Perfekt – Imperfekt   61
v-, u-, s-Perfekt   55
von esse und posse   55
von ire   55
von posse   55
Personalpronomina   18; 53; 59
Plusquamperfekt
Formen im Aktiv   74
Formen im Passiv   85
Funktion   74

Possessivpronomina
    reflexiv 33
    Substantivierung 92
    Zusammenfassung 73
Prädikativum 45
prodesse 132
Prohibitiv 154
Pronominaladjektive 148

quam + Superlativ 135,4
quidam, quaedam, quoddam/quiddam 91

Realis 156
reflexive und nichtreflexive Besitzverhältnisse 42
reflexives Possessivpronomen 33
Reflexivpronomen 43
Reflexivpronomen im aci 44
relativischer Anschluss 48
Relativpronomen
    Formen 49
    und Beziehungswort 50
Relativsatz
    Funktionen 47
    im Indikativ 153,1
    im Konjunktiv 153,2

Satzglieder 7; 11
Semideponentien 125
Silbenlänge 1
Steigerung
    des Adjektivs, Formen 133
    des Adverbs 138
    unregelmäßig 134
    Verwendung und Übersetzungsmöglichkeiten der Steigerungsstufen 135
Stilmittel
    Ellipse 107
    Hendiadyoin 108
Substantivierung
    des Adjektivs 39
    des Possessivpronomens 92
Superlativ 133; 135

velle 141
verneinter Imperativ 142; 154
Vokativ 17

Wortarten 2

Zeitenfolge 158
Zeitverhältnis
    im aci 56
    in indirekten Fragesätzen 122